El Inquilino. Fernando Martínez de Velasco M.

EL INQUILINO

Fernando Martínez de Velasco Molina

Prólogo.

Emocionado por el avance que han tenido las Novelas Jurídicas que hemos estado escribiendo, donde se reflejan casos de la vida real, narrados de la manera más sencilla posible, nos ha impulsado a darle forma a esta historia donde se involucran contratos de arrendamiento, obligaciones y abusos que terminan siendo desgarradoras historias y casi fatales.

Esperamos que esta, como lo son la serie de "El Abogado" con historias que hemos nombrado como "La Increíble defensa de una familia"; "El Embargo y Venta Judicial de Bienes" y "El Testamento y la Muerte de Don Arturo", sea del agrado del lector y le permita, igualmente, aprender historias de vida.

Indice.

Título	Página
I. El arrendamiento................................	7
II. El licenciado de la prescripción...............	18
III. La junta de vecinos...............................	24
IV. El Lic..	29
V. El inicio en el Tribunal.........................	42
VI. El Emplazamiento..............................	50
VII. La contestación a la demanda................	57
VIII. De las pruebas....................................	84
IX. De la recepción de las pruebas en audiencia de juicio y la sentencia.....................	101
X. La Apelación......................................	141
XI. El Amparo...	143
XII. Ejecución de Sentencia........................	148
XIII. El lanzamiento...................................	167

EL INQUILINO

I.   El arrendamiento.

El contrato de arrendamiento es uno de los más utilizados en México y en el mundo. El arrendamiento se caracteriza por la entrega de la posesión de un bien, usualmente inmueble, por el propietario a quién se denomina arrendador -también en el argot popular se le llama el 'casero'-, a otra persona llamada 'arrendatario' -a quién en el argot popular se identifica como el 'inquilino'-, quién se obliga a pagar una renta (la que determinen las partes) por el uso y disfrute del bien.

Son varios los derechos y obligaciones que impone el Código Civil (de cada estado de la República) a estas dos partes: arrendador e inquilino. Usualmente los códigos de los 32 estados de la República Mexicana coinciden en el noventa y tantos por ciento de la regulación, por lo que aquí comentaremos la relacionada a la legislación de la Ciudad de México, ya que es aquí donde ocurren los eventos de este relato.

Principalmente al arrendador se le imponen como obligaciones aquellas que permitan al inquilino el uso y disfrute del bien arrendado, sin limitación (o con aquellas limitaciones que ambas partes convengan como por ejemplo, no usar explosivos en e inmueble, o tener animales). El derecho fundamental del arrendador lo es recibir el monto de la renta en los términos que se convengan. Usualmente el pago de renta es mensual y por ello, en el contrato se anota que ante la falta de una o más mensualidades da derecho al arrendador a dar por terminado, de manera anticipada, el contrato.

Por el lado del inquilino, la obligación principal es la del pago de la renta convenida; además del cuidado del bien arrendado.

Los arrendamientos pueden clasificarse según la naturaleza del bien arrendado, el propósito del arrendamiento o las características específicas del contrato. Algunas categorías comunes incluyen:

- **Arrendamiento de Bienes Inmuebles:** Engloba el arrendamiento de propiedades tales como casas, departamentos, locales comerciales y oficinas. Este tipo de arrendamiento está sujeto a regulaciones que buscan equilibrar los derechos y obligaciones de las partes y garantizar la conservación adecuada de los inmuebles.

- **Arrendamiento de Bienes Muebles:** Incluye el arrendamiento de objetos móviles, como vehículos, maquinaria y equipos de oficina. Se caracteriza por su flexibilidad contractual, adaptándose fácilmente a las necesidades de las partes.

- **Arrendamiento Financiero (Leasing):** Un contrato especial que, además de permitir el uso y disfrute del bien, ofrece al arrendatario la opción de comprar el bien al finalizar el contrato. Es común en el arrendamiento de vehículos, maquinaria y equipos para empresas.

- **Arrendamiento Operativo:** Similar al leasing, pero sin incluir la opción de compra. Se utiliza para equipos y maquinaria en negocios que necesitan actualizar constantemente sus activos.

- **Subarrendamiento:** Se da cuando el arrendatario arrienda el bien a un tercero. Este tipo de arrendamiento debe estar permitido en el contrato original y sujetarse a las mismas condiciones y limitaciones establecidas en él.

Cada tipo de arrendamiento tiene su propia regulación y puede, inclusive, ser en cuerpos legales distintos al Código Civil para la Ciudad de México que define al arrendamiento en su artículo 2398 al señalar que *"Hay arrendamiento cuando las dos partes contratantes se obligan recíprocamente, una, a conceder el uso o goce temporal de una cosa, y la otra, a pagar por ese uso o goce un precio cierto.*

El arrendamiento no puede exceder de diez años para las fincas destinadas a habitación y de veinte años para las fincas destinadas al comercio o a la industria."

Bajo esta regulación, don Jacobo Mashri Wiken decidió poner en arrendamiento una serie de casitas que, unidas entre sí, acababa de comprar a buen precio en la calle de General Prim de la colonia Juárez, muy cerca de lo que fue el centro de espectáculos "El Patio"; icónico lugar de los 70's y algo de los 80's donde cantaban los grandes de esa época, como por ejemplo José José que, con su singular forma de cantar, arrancaba suspiros y levantaba copas en signo de salud.

Esa parte de la ciudad de México es de estrato medio-bajo. Está lleno de locales comerciales que venden partes de vehículos, desde una simple 'calavera' de cualquier carro, hasta estéreos con múltiples luces y boofer que adicionar para que hagan buen escándalo y, también, rines de todas formas. En fin, hartas refaccionarias.

También, muy cerca, a dos cuadras, está la Secretaría de Gobernación encargada de la política interna del país, enmarcada por el denominado 'Reloj Chino'.
El 'Reloj Chino' es un monumento colocado en la única rotonda que queda en avenida Bucareli. Alguna vez esta avenida era de

las más importantes de la Ciudad, pero hoy, sino fuera por el Reloj y por la Secretaría, poco se hablaría de ella.

El Reloj Chino había sido un regalo del Gobierno Imperial de China, el de Puyi[1] quién, por cierto, asumió el encargo a los dos años de edad y fue el último emperador. El dinero para su construcción vino de la recaudación de fondos realizada por inmigrantes chinos en México. El reloj conmemora el Centenario de la Independencia de México en 1910.

Colocado originalmente en la Plaza de la Ciudadela, desgraciadamente, ese reloj fue totalmente destruido durante la Decena Trágica de 1913. De nuevo, la comunidad chino-mexicana se encargó de recaudar fondos para restaurar y reconstruir el reloj. Tuvieron que pasar nueve años para que una versión restaurada del reloj volviera a aparecer en Bucareli en 1921.

---

[1] Reinó en China con el título de **Emperador Xuantong** desde 1908 hasta la abolición del gobierno imperial en 1912. Fue usado como títere por el imperio japonés como Emperador Kangde de Manchukuo, entre 1934 y 1945. En la República Popular China se convirtió en maoísta después de ser reeducado y trabajó como jardinero y después como trabajador en la Conferencia Consultiva Política del Pueblo Chino.

En 2010, con motivo de la celebración del bicentenario, el reloj fue renovado de nuevo como símbolo perenne de la amistad chino-mexicana.

Las múltiples casitas que están en avenida General Prim fueron contruídas a principios de los 1900's, con el estilo como de 'casa de rancho' de las afueras de la ciudad (de aquél entonces). Pasaron así casi de 80 a 90 años para que don Jacobo las comprara, casi derruídas. Se había perdido todo cuidado y mantenimiento debido a que quienes vendieron habían estado enfrascados en juicio sucesorio de casi 20 años, peléandose a ver cuanto les 'iba a tocar' de la adjudicación y venta del bien que les había dejado en herencia su papá y se dieron cuenta, pasados los años, que si hubieran arreglado pronto, habrían obtenido más dinero que el que les tocó. Pero usualmente no nos damos cuenta del daño que nos hacemos a nosotros mismos, cuando se piensa en la lana como meta principal.

Don Jacobo se dedicó por dos años a 'meterle algo de lana' a las casas, porque pensó le salía más barato reconstruirlas que demoler. El uso de la zona no le permitía levantar enorme edificio, lo que hubiera sido lo ideal, pero hubo de estarse a lo que le la regulación del gobierno local impone para controlar el crecimiento de ciertas zonas de la Ciudad. Entonces por ello, la remodelación era la opción y más considerando lo barata que le había salido la compra.

Don Jacobo tenía su pequeña oficina, muy pequeña para no sacrificar espacios sin uso que redunden en pérdidas, en el centro de la Ciudad. De familia judía, estaba acostumbrado a trabajar 'de sol a foco' y sin descanso hasta sábados y domingos. La familia vendia ropa, telas y aditamentos relacionados a este mercado. Toda la familia acaparaba ya los varios locales sobre la calle Madero donde se puede encontrar una gran cantidad de tiendas de todo tipo. Desde la tienda de productos de diseño mexicano del MUMEDI (Museo Mexicano del Diseño), hasta las clásicas boutiques de ropa *fast fashion*, joyerías, tiendas de cosméticos y perfumes, zapaterías y mucho más. Era usual verlos llegar casi sincronizados, a levantar día a día las cortinas de cada uno de los locales comerciales. Todas las mañanas se escuchaba, casi como repetición, el 'Shalom aleijem' que es un saludo tradicional hebreo. 'Shalom aleijem' significa "la paz sea con vosotros". Y ante ello, la respuesta apropiada es 'aleijem shalom'.

Jacobo que desde los 10 años atendía la tienda de sus padres, se destacaba por ser buen vendedor. En pocos momentos teniía 'enganchado' al cliente y no lo dejaba ir sin algo comprado. Era la envidia de las demás familias que peleaban por la venta. De ojo azul, flaco, vestido siempre de negro con camisa blanca, fue creciendo Jacobo. A los 21 años de él y los 14 de Dana, contrajeron matrimonio y de ahí, a tener varios hijos. La esposa siempre cargando hijo en brazos y otro en el vientre en camino… Yosef, Lía, Yesbeth y David fueron los cuatro hijos (que en hebreo se pronuncia '*ben*') y el pretexto para 'meterle más fuerte a la chamba'. Por su ánimo siempre emprendedor, Jacobo y Dana fueron acumulando ahorros interesantes al grado que tenían ya guardado en el colchón (poco creyentes de tener el dinero en el banco), un par de millones de pesos.

Así es como Jacobo se hizo de las casitas. Un amigo le hizo comentario y de ahí a su interés en invertir su dinero en inmuebles, apartándose un poco de lo tradicional de hacer crecer el propio negocio.

Ya 45 años tenía Jacobo cuando empezó con el negocio inmobiliario. Inexperto como era en algo tan especializado, lo llevó a cerrar sus contratos con ciertas deficiencias, que le costaron al tiempo, varios dolores de cabeza. Y todo por ahorrarse la consulta con algún abogado que le diera consejos sobre de como hacerlo bien. Jacobo había resuelto siempre sus problemas y pensó que el ser arrendador, sería igual. Sin problemas y si los tenía, 'yo los arreglo'.

Jacobo nunca pensó en tener un obligado solidario o fiador en sus contratos de arrendamiento que le garantizaran el cumplimiento en el pago de la renta. Omisión que sería toral en la vida futura del arrendamiento.

Siete familias distintas fueron llegando a la oficina de Jacobo. Había un letrero de "se renta" puesto sobre el barandal metálico que reemplazaba la barda perimetral que daba a la calle de las viviendas. Así es que todo el mundo podía ver como eran las casitas en renta. Limpias y con buena pintura color blanco, las paredes sobresalían del entorno en donde se encontraban. Muchos sueños despertaban en aquellas familias que iban pasando por ahí y que de vez en vez se quedaban agarrando los fierros de la barda, mientras se imaginaban corriendo y jugando con sus hijos en un lugar reservado y limpio. Parecía un oasis en la jungla de concreto.

Jacobo personalmente atendía a los interesados y con el colmillo que la venta de telas le había desarrollado, consideraba que con el simple hecho de hablar con los interesados, podía saber si eran gente 'de bien' o si le estaban tratando de tomar el pelo.

Poco a poco se fueron llenando de inquilinos las siete casitas. Cómodas para vivir y cómodas en su conexión a servicios de transporte. A tres cuadras, caminando hacia el norte, está Paseo de la Reforma. Al poniente, a una cuadra está Bucareli y a dos cuadras hacia el sur encontramos avenida Chapultepec donde además hay un buen mercado. Así es que las familias de los inquilinos se sentían felices de vivir en buena zona, con comunicación y además, a buen monto de renta.

La semilla de la cizaña siempre estará vigente, para cuando se considera que 'el contrario' tiene una debilidad y de ahí, a la idea, distorcionada de quedarse con los bienes, aún a sabiendas que no le corresponde.

El primer año de los arrendamientos transcurrió de las mil maravillas, Todos los inquilinos pagaban casi puntuales, pero al menos, en el mes correspondiente. Alegaban algunos de los inquilinos que las ventas en la Central de Abastos a veces se 'caían' y eso hacía que se retrazaran en el pago. Otro alegaba que en su local que tenía ahí cerca, las ventas de las partes automotrices 'no tiene palabra' y que por ello a veces tenía que aguantar un poco el arrendador.

- Que pasó mi Jacobo, si siempre le cumplimos- le contestaban al llamado de pago.

A Jacobo, con el paso del tiempo, le gustaba que sus hijos varones le acompañaran en el recorrido del cobro de las rentas. Pensaba que algún día, por la edad, habría de dejar esa responsabilidad a sus hijos y por ello los iba familiarizando con los inquilinos. Algunos de ellos se fueron cambiando. Terminaban sus contratos y se mudaban, lo que hacía que nuevas familias llegaran. Familias especialmente afines a las que se quedaban y que tenían ya, al menos, unos cinco a siete años siendo inquilinos. Así, el inquilino con más tiempo, Bryan López García, vendedor de partes de autos, era el que se iba posicionando como el 'mandamás' de las áreas comunes del patio que unía a las siete casitas. Inquilino alto, con prominente barriga, siempre de camiseta de tirantes, bigote y barba, pelo cortísimo alrededor de la cabeza y su buena melena en la parte alta. Cadena que simulaba ser de oro. Pants de pescador y tenis era su *outfit* de siempre, muy distinto al que vistió cuando fue a pedir le dieran una casita en arrendamiento.

Cuando se acercaban posibles interesados en rentar, el Bryan era quién daba la cara en el primer contacto. Si les gustaban les sonreía y les daba los teléfonos de Jacobo. Si no les gustaban, les decía un simple "ya se rentó". El arrendador estaba alejado de esa realidad; desconocía el filtro que se tenía en sus casitas. A él le llegaban los prospectos y era lo único que le importaba: traducir en dinero el espacio vacío.

Le costó tiempo al Bryan 'adueñarse' del control de las casitas, un poco porque no era un tipo que digamos listo y por otro lado, porque muchos de los inquilinos que llegaban no habían hecho contacto directo con él; sino que habían tomado el teléfono y marcado directo a Jacobo. Por eso el Bryan había tomado la decisión de borrar un número del teléfono impreso en la lona de "se renta" para que necesariamente tuvieran que preguntar en el propio inmueble y de ahí, a tener el control.

De hecho, Jacobo había generado una medio amistad con el Bryan que le había dicho que era *"su valedor"* y que él *"le cuidaba las casitas para que no pasara nada"*. Jacobo cayó en la trampa.

El plan de Bryan estaba echado a andar. Volverse el lider de las casitas, le daba fortaleza en la operación que tenía pensada... dejar de pagar y quedarse con el inmueble. Para ello fue a consultar a un licenciado, quién le consideraría la posibilidad de ocupar el inmueble para siempre y en su caso, volverse propietario.

II.   El licenciado de la prescripción.

El entorno del Bryan habia sido y fue, conflictivo. Si no es porque le cae la policía para revisar que nada de lo que venda sea robado, puede ser porque el Gobierno de la Ciudad de México a través de la Secretaría de Desarrollo Urbano y Vivienda (SEDUVI) le caiga para revisar papeles de uso de suelo de su refaccionaria y por "una coma" le quieran cerrar el changarro. O cosas más personales como que alguien de su personal no paga la pensión alimenticia de los hijos. El caso que es necesario, pensaba, tener siempre a un abogado a la mano.

Egresado de la escuela de Derecho de una Universidad en Ecatepec, el Licenciado Arsenio Gómez era el asesor de cabecera de Bryan y toda su gente. Y era fácil tener a ese tipo de personajes de clientes, porque justo en la calle de Lucerna, esquina con Abraham González en la misma colonia Juárez, había puesto su Despacho; justo a espaldas de donde están las casitas y por ello, al arribar siempre a pie a su oficina, caminando del metro Insurgentes a su oficina pasaba por las refaccionarias y un *'buen día mi lic.'* se escuchaba siempre. De ahí la relación.

- Buenos días -dijo aquella mañana el 'Lic.' a los empleados de la refaccionaria que estaban, o tirados sobre de un coche 'metidos en el celular' o estaban poniendo algun estéreo de muchas luces y buen nivel de escándalo en alguna troca.

- Buen día mi lic.-, recibió de contestación. El Bryan que estaba metido en su refaccionaria cuando lo escuchó, se apuró a salir a su encuentro para consultar el inicio de su plan.

- Buen día Bryan.

- Oiga mi lic., fíjese que tengo alguna idea en la cabeza que quiero consultarle. ¿Cuándo lo puedo ver?

- ¡De una vez! Vamos a mi oficina, acompáñame.

El 'Lic.' por delante y Bryan atrás, subieron al tercer piso por las escaleras del edificio. Ese día, como muchos otros, el elevador no servía. Resoplando ambos, lograron llegar. A la derecha se encuentra la puerta con un 301 de metal y abajo un letrero impreso en papel, que señalaba: "*Lic. Arsenio Gómez y Asoc." Especialistas en derecho penal, civil, pensión alimenticia, embargos y divorcio."*

Tras sacar las llaves del fondo del pantalón y dar vuelta a dos chapas en la puerta, lograron entrar a la oficina. Se tenía un escritorio en escuadra al frente con dos teléfonos encima y a la derecha, dos privados.

-Pase por favor-, dijo el Lic. a su casi nuevo cliente. -No le ofrezco café porque aún no llega la secretaria y ella es la que se dedica a preparar todo eso. Una disculpa.

- No se preocupe mi Lic., ya me tomé mi cafecito del oxxo temprano con unas buenas galletitas.

- Ah! Perfecto. Pues a la orden-, señaló el abogado en lo que le daba vuelta a su escritorio y se tiraba sobre de su sillón aflojándose la corbata roja que pendía de su gordo cuello y subiéndose el pantalón que con el ajetreo de la subida, se le había acomodado casi debajo de la barriga.

-       Pues mire, tengo ya casi diez años... no creo que once años que son inquilino de Don Jacobo en las casitas que están aquí atrás de este edificio, justo en la calle de General Prim. Ahí vivo con mi vieja con la que ya traigo como 20 años de casado y tenemos tres hijos de nombres Bryan como su jefe, o sea como yo, Jennifer y Paco. Estos ya andan acabando la prepa y estamos viendo si ya se van a la universidad porque los ingratos no quieren trabajar en mi refaccionaria. Imagínese de ahí ha salido toda la lana para tragar y pagar sus escuelas y le hacen el feo. Pero ya los chavos de ahora son bien distintos.

-       ¿y se quiere divorciar? -contestó el licenciado tratando un poco de alinear las ideas y ver hacia donde iba la plática.

-       ¡Jajaja no mi lic! mi vieja me mata antes que la divorcie.

-       Es que como me platica de la familia, pienso que es un tema familiar.

-       ¡No mi lic.! perdone todo el rollo de eso, solo era para que entendiera el tema de mi familia. Pero nada tiene que ver. Le platico para no quitarle el tiempo. Fíjese que hace casi once años, entré como inquilino a la casa donde vivo. Son siete casitas que están formadas y pegadas una con otra y tiene un patio al frente que da a la calle. Está justo a espaldas de su oficina, acá atrás en la calle de General Prim. El arrendador es un judío. Jacobo se llama. Buen tipo. Medio tonto pero buen tipo. Ya se ha venido haciendo viejo y entonces empezó a meter a sus hijos en el tema de la administración de las casitas. Los pobres dos hijos están en la luna. Ni atan ni desatan. Así es que perfectamente manipulables y la verdad que me los he ido ganando, al grado que me han dejado a cargo de, llamémosle, administración. Orque las siete casitas no están en condominio. Sino que están como le dije, pegadas en fila una tras otra pero aisladas porque cada una tiene un contrato distinto. Y como me han dejado operar, entonces de las siete casitas cinco de los que viven ahí son cuates míos que fui metiendo, y dos que nos son de los míos pero son cuates y pues los podemos manejar.

- Interesante, -dijo el licenciado-. Pero entiendo que todos tienen contrato de arrendamiento.

- Sí, pero fíjese que algunos ya vencidos. Por ejemplo el mío ya tiene más de tres años que no me lo cambian. Me suben cada año la renta, pero no me dan nuevo contrato. Así es que el contrato ya está terminado. Y creo lo mismo pasa con al menos otros cuatro.

- ¿Cómo pagan la renta?

- Como se quieren ahorrar el impuesto, entonces no me dan recibo y yo les pago en efectivo. De hecho todos pagamos en efectivo y nos la jugamos a que se tenga por pagada porque le repito, no nos da recibos.

- Mmm ya veo.

- ¿Cómo ve mi lic.?

- Pues hasta ahora no veo cual es el problema.

- ¡Qué pasó mil lic.! el tema es como hacemos para quedarnos con las casitas y dejar de pagar renta y que usted nos las ponga a nuestro nombre como propietarios. ¡El casero está en la luna y todos los de las casitas ya nos pusimos de acuerdo para contratarlo, porque ya sé que usted es un gallo para eso y confiamos mucho en usted mi lic.

- Lo veo complicado, pero no imposible. Necesito que me traigan los papeles que tengan, pero sí le digo que es un juicio caro.

- Mi lic., yo le consigo papeles, pero no se preocupe por sus honorarios, la idea es que se quede usted con una casita. Justo los de la casa 7 ya se van en este mes y pues yo me encargo que no la renten para que sea para usted. Como ve mi Lic., ¿le entra?

\-   Está interesante. Déjeme pensarle y les digo como hacerle. Sí es importante que me traiga los más documentos que tengan.

\-   Yo me encargo mi lic. Gracias por recibirme.

Ambos se pusieron de pie, se estrecharon la mano y Bryan salió ancho como pavorreal por la angosta puerta del privado del 'Lic.'. Justo se abría la puerta entrando la secretaria. Se saludaron y cada quién se dirigió a su propio espacio.

Mientras el 'Lic.', pedía su café a Lupita la secretaria, el gordo Bryan bajaba dando brincos de gusto por las escaleras del edificio. "Ya fregamos" decía en voz alta en lo que iba plantando sus pies de manera escandaloza en cada escalón.

III.   La junta de vecinos.

Pronto Bryan se puso a trabajar. Sintió que el 'Lic.' le había dado la razón y que iba 'a jalar' la idea de quedarse con las casas. Ya hasta estaba pensando si podría con dos casitas y así las juntaba y quedaba increíble. La imaginación voló a mil kilómetros por hora en la cabeza del 'lider'. La oportunidad de volverse dueño, al costo que fuera, estaba ya tatuado en su cabeza.

Eglantina, una señora gorda, es la esposa de Bryan. Vestida con mallas muy pegadas simulando piel de leopardo, en color morado que hacía perfecta combinación con el color del pelo, estaba preparando la comida cuando entró el Bryan gritoneando a la casa.

-¡Vieja!

- ¡Ya te dije que no grites así como loco!. Pareces borracho o drogado. Que pasó, porque gritas. Que quieres.

- Que crees. Que tuve junta con el licenciado, ese que tiene su oficina arriba de la refaccionaria. ¿Te acuerdas que te platiqué de él?, que es el que pasa todas las mañanas caminando.

- No recuerdo, pero bueno, eso qué.

- Pués que hoy que iba pasando, le saludé y le pedí cita y de volada me dijo que de una vez. Entonces me subió a su oficina, al tercer piso. No servía el méndigo elevador y entonces pues no la echamos a pata. Bueno, el caso es que entramos a su oficina y estuvimos platicando de aquí, de las casitas. Es que se me había ocurrido y el licenciado todo propio me dio la razón. ¡Me dijo que sí era posible! ¡Imaginate!

- De verdad que estás drogado. No te endiendo nada. Que se te ocurrió de lo que te dijo que sí.

- ¡Pues quedarnos con la casa!. Volvernos dueños y dejar de pagarle la renta a Jacobo. Imagínate que nos hacemos dueños y entonces con la lana que nos ahorramos nos vamos de viaje a cancún.

- ¿Y como nos hacemos dueños? ¿La vas a comprar? Pués no tenemos ni en que caernos muertos porque tu refaccionaria apenas si nos da algo de lana y tu pensando en comprar. No creo que Jacobo o sus hijos quieran vender, la neta.

- Es que no estás entendiendo nada. Pero no importa. El lic, ya me dijo que se puede, así es que me pidió papeles y que le lleve de todos los que vivimos aquí, por lo que necesitamos tener junta con todos, menos el de la casa 7. A ver como nos la arreglamos para que ese no aparezca, porque como ya se va, pués no invitarlo y así el 'Lic.' se puede quedar con esa casita en pago de sus honorarios.

- Pos no se que quieres hacer, pero tu conoces a todos, has tu junta esa y listo.

El viernes en la noche, se había convenido con todos los ocupantes de las casitas, juntarse en la casa 1, la de Bryan. A cada jefe de familia le pidió no dijera nada y menos con el de la casa 7. Las 21:00 horas se fijó como hora.

En las siete casitas viven aproximadamente 35 personas, entre adultos, adolescentes y niños. Así es que cuando alguno avisaba que utilizaría el patio para una fiesta de cumpleaños o simplemente para juntarse a 'ver el fut' con chela en mano y alguna señora, de no muy buena gana, preparando la carne asada, se podían contar más de 70 personas. Y ya en la zona era un lugar de referencia.

Después de lograr tener ya a todos sentados y haber ido y venido las 'chelas' y los 'salud', Bryan logró que le pusieran atención.

-       A ver a ver. Tenemos por fin la atención de ustedes. Les voy a platicar un tema que necesito se mantenga en secreto y no lo comenten con nadie. Los que estamos aquí, terminando la junta, somos una tumba. ¿Ok?

-       ¡Ya bájale! Ni que fuéramos quienes para andar chismeando por todos lados -obtuvo como respuesta con algunas mentadas burlonas.

-       A ver. Fíjense que consulté al licenciado, este que tiene su oficina justo arriba de mi refaccionaria para plantearle un tema y parece que sí jala. Como todos saben aquí estamos como inquilinos, pero que creen, que como el arrendador Jacobo no nos da recibos de pago de renta y todos le pagamos en efectivo, se me ocurrió que entonces podríamos ser como propietarios porque no tiene como comprobar que somos inquilinos. Le hice esa consulta al licenciado y me dijo que sí.

-       ¿Neta? Y como es que nos va a convertir en dueños -preguntó el Camello, inquilino de la casa 2-.

-       Pos no se. Eso es un tema de la ley y del licenciado, pero ya me dijo que sí jala.

-       ¿Y quién le paga? Porque yo no tengo lana -dijo mientras levantaba el brazo la Lety de la casa 6.

-       Lo tengo todo pensado -dijo Bryan-, le vamos a dejar que se cobre quedándose la casa 7.

-       ¿La casa 7? No manches, si está ocupada por el gordo ese del Mike -aclaró de nuevo el camello.

-       Pos sí, pero ya se que ya no tarda en irse porque no le da para pagar la renta. Así es que no le digan nada para que se vaya, dejamos la casa desocupada y se la queda el lic. 'Tons' que, ¿quién se apunta?

-       Todos los presentes levantaron la mano acompañado de un grito de "yoooooooooo"!

Siguieron uns vítores y risas una media hora más, mientras se acababan las 'chelas' que se habían comprado para el evento. Para la media noche, la paz y el silencio privaban en las 7 casitas.

IV.   El Lic.

El lunes siguiente Bryan se levantó temprano emocionado por lo que vendría. Pronto se metió a la regadera, se arregló el tapete de pelo que tenía solo en la parte alta de la cabeza, se puso su clásica camiseta, pantalones pescadores, zapato sin calcetín, le dio beso a su 'gorda' y salió volando para pararse temprano en la puerta de su accesoria esperando llegara el Lic.

Pasó el lunes y no apareció el licenciado. Bryan sentía que no lo calentaba mni el sol. De hecho a sus dos posibles clientes que se asomaron en su accesoria para comprar un estéreo y bocinas, los trató tan de mala gana, que mejor se fueron a otro lugar.

Para la noche, Bryan regresó cabizbajo a su casa, sobres en mano, arrastrando los pies y con una nube negra sobre la cabeza. Los vecinos lo vieron entrar por la reja principal que une al corredor general de las siete casitas y asomaron la cabeza para interrogarlo de "como le había ido". Bryan se concretó a decir con gesto manual, que no había pasado nada.

Se metió a su casa, aventó los sobres en la cómoda de su cuarto y se tiró cuan gordo era sobre la cama. No le contestó ni a su mujer que le preguntaba si quería cenar. Se acostó de lado, apagó su lucesita del buró y se fugó en pronto sueño.

El martes llegó y desganado, Bryan se levantó, repitió el ritual de aseo y vestido de todos los días y se dispuso a salir de nuevo a su refaccionaria. Un cuadra era la distancia entre casa y refaccionaria, la que recorrió con desgano. Por alguna razón se sentía traicionado porque el 'Lic.' no llegó a su oficina el lunes. Bryan levantó la cortina de la refaccionaria, acomodó fuera para que se vieran las llantas y rines que vendía, algunos foquitos para llamar la atención del transeúnte y se aplastó sobre una llanta a esperar… y esperar.

A las 13:00 horas vió de lejos el caminar del licenciado que, medio jorobado, con el saco y pantalón del traje gris evidentemente de una o dos tallas más grande, se columpiaba de pierna a pierna como si una la tuviera más corta que la otra y portafolio en mano. Bryan se puso de pie como resorte y voló para agarrar los sobres que contenías los contratos y relación de pagos hechos par cada inquilino de las seis casitas involucradas en la estrategia.

Apenas el licenciado puso un pie en su edificio y ya tenía en la espalda a Bryan.

- Que pasó mi licenciado, me abandonó ayer -recriminó.

- ¿Porque dice eso? Que recuerde yo no le di cita para ayer -contestó el licenciado dándose media vuelta para darle la cara al posible cliente.

- Bueno, en eso tiene razón, pero como pensé que vendría a chambear ayer, pues acá me tenía mordiéndome las uñas.

- No veo la prisa. Subámos y ahí platicamos.

De nuevo el elevador del edificio no servía, así es que, como ya era tradicional, había que subir a pie al tercer piso del edificio. El licenciado por delante y Bryan incómodamente pegado atrás. Ya en la puerta del Despacho el lic. sacó la enorme cadena amarrada a su cinturón y que entraba en su bolsillo derecho del pantalón y tomó de las muchas llaves colgadas, la de la puerta. Al abrirla se encontró a su secretaria que le había escuchado subir e iba a abrirle la puerta. Vestida con un vestido negro pegado, algo escotado, pelo lleno de gel para hacer notar los chinos y sí, mucha pintura en cara y ojos.

- Buenos días licenciado, me ganó la 'abrida' de la puerta.

- No te preocupes. ¿Cómo estás? ¿Nos regalas cafecito a los dos?

- Claro con gusto licenciado -concluyó la secre.

Entraron al privado Bryan y el licenciado y cada uno se acomodó en su respectivo lugar.

- Mi lic. -dijo Bryan- aquí le traigo los sobres de cada una de las casitas. Recordará que le dije que somos siete casitas pegadas una con otra. Son seis sobres porque somos seis los que estamos en este negocio y acuérdese que la casita siete es para usted. Yo me encargo que no se rente para que cuando nos haga dueños, usted pueda disponer de esa.

- Pues muy bien -dijo el licenciado, en lo que tomaba los sobres y empezaba a urgar dentro-. Lo reviso y le aviso. Deme una semana y lo busco ahí en su refaccionaria.

- ¿pero cree que sí se pueda mi lic.?

-       Eso espero. No le aseguro nada hasta haber revisado lo que me deja. Si tengo duda lo buscamos en la refaccionaria. Sino, nos vemos en una semana. Pero no pasa nada si es un día más que se complique y no pueda venir, para que no se espante ni se preocupe. Llevo varios casos ante el ministerio público y algunos en el Reclusorio, por lo que debo de andar de un lado pal' otro y ya sabe que esto del transporte público nos complica.

-       Bueno mi lic. Todos los que vivimos en las casitas estamos rezando para que nos apoye. Ya hasta le prendimos veladora a San Juditas para que lo ilumine y nos ayude a sacar esto adelante. Imagínese que usted y nosotros seamos dueños.

-       Ya veremos. Ya veremos.

El licenciado extendió la mano en señal de despido. Bryan le apretó la mano y se despidió sin dejarle encargado, de nuevo, el caso. Salió por la puerta, se despidió de la 'secre' cuyo escritorio estaba justo pegado a la puerta de su jefe con un -adiós chula-. Las escaleras rezonaban ante la bajada del Bryan que dejaba caer todo su enorme peso en cada pisada, cargada, además, de mucha emotividad ante lo que parecía un éxito rotundo.

La noche del martes recibió a Bryan con otro ambiente muy distinto al del día anterior. Todo era felicidad y hasta parecía que había perdido peso ante lo ligero de su andar. De nuevo las cabezas se asomaron por las ventanas de varias de las casitas levantando las cejas en compañía del juego de las cabezas que subían y bajaban en clara pregunta de noticias.

El dedo pulgar para arriba de Bryan les contestó con claridad meridiana. Algunas sonrisas y algún dedo en el mismo sentido recibió por respuesta. Todo era miel sobre hojuelas.

Justo el martes siguiente, la secretaria del licenciado bajó a pedirle que a las 5 de la tarde tuviera la junta con su jefe. Bryan pensó que le daría un infarto. El corazón le dio un vuelco de felicidad. Suponía que todo iba marchando perfecto. Al poco tiempo, su hijo, José Guadalupe, apodado "el Lupe", llegó corriendo para avisarle que Jacobo estaba en la vecindad y que quería verlo. ¡Caray! -pensó-, no podía venir en el peor momento. Justo cuando estamos avanzando en quedarnos con las casas, pero igual y de aquí me agarro para ir preparando el terreno.

A paso rápido llegó Bryan a la vecindad. Jacobo, como siempre, vestido de pantalón y saco negros, sombrero del mismo color y camisa blanca le esperaba justo en el portón de fierro que daba acceso.

-       Hola Jacobo, como estás. ¡Que gusto verte! Hace tiempo que no venías por acá.

-       Así es -respondió-. Lo que pasa es que estamos en tiempo de renovar contratos y les debo subir la renta.

-       No me digas eso hermanito. Vamos arrastrando la cobija y apenas sacando para el taco y quieres subirnos la renta. ¿Qué no ves como anda el país?

-       Pués sí, pero yo también debo pagar predial y cosas de mantenimiento de la vecindad que con la renta que me dan ya no me alcanza y se supone que es negocio y yo ya no lo estoy viendo. A varios no les he subido en un par de años como a ti por ejemplo y debo hacer ajuste. Lo siento. Han sido buenos pagadores pero ya no tengo escapatoria.

-       ¡Jacobo apiadate de nosotros! Y cuanto nos vas a subir o que.

-       Es lo que te traigo para comentar. ¿Quieres que lo vea yo con cada inquilino? O tu les dices.

-       No 'pos' dejame decirles a estos cuates. Así no se te echan encima. Yo los controlo.

- Ok. Está bien. Entonces te dejo en esta hojita la lista de los inquilinos y los montos que pagan y los que deben pagar. Me parece que está bien detallado.

Bryan leyó la hoja con la lista de nuevas rentas a todos y se le pelaban los ojos de ver lo que se incrementaba.

- ¡Caray! No se si me quieras dejar firmadas unas hojas en blanco para que las llene yo con el aviso de renta y me encargo que las reciban -Bryan pensó que era la oportunidad de sacar algo de la cita que abonara a su estrategia de quedarse con las casitas.

- ¿En blanco? -respingó Jacobo.

- Sino como les digo a estos cuates que es tema tuyo y no que yo lo inventé. Cuando vean la carta firmada por ti, van a saber que no tienen escapatoria. ¿O traes la petición de subir renta por escrito ya?

- No. Pensaba yo hablar directo con cada uno.

- No te lo recomiendo hermanito. Estos tipos son muy explosivos y no sea la de malas que se enojen harto y se ponga fea la cosa.

- Pues diles tu entonces. Me avisas luego luego para mandar los contratos.

- ¿Tons no me dejas las hojas en blanco? -remató Bryan con cierta esperanza-.

- Prefiero no. Cualquier cosa vengo yo a hablar con los inquilinos. Me avisas. Gracias como siempre.

Jacobo se despidió sin dar la mano, dio media vuelta y se fue caminando. Bryan empezó a sudar. Tenía al que estaría apuñalando enfrente y debía tratarlo bien y sintió que casi le sacaba la firma en blanco que no sabía como se usaría, pero la corazonada le decía que era buena idea. -Ni hablar, tal vez la próxima lo logro-, se dijo a si mismo Bryan.

Después de la visita inesperada de Jacobo y las consecuencias de la visita, Bryan se dispuso a convocar de nuevo a los inquilinos de las casitas. La volvió a armar para el viernes siguiente, en la noche.

Como parecían buenas noticias el llamado de Bryan, se juntaron con facilidad todos los inquilinos de la casa 1 a la 6. Los inquilinos de la casa 7 se mantenían al márgen al no ser invitados.

- Que pasó mi Bryan, ¿ya jaló el proyecto? – preguntó el Camellito.

- Sí, ¿ya seremos dueños? ¿Cuándo? -preguntó la Lupe de la casa 4-.

- Calma calma -contestó Bryan haciendo un ademán con las manos de alto y bajándolas a la vez para que la gente se fuera sentando y callando-, calma. Ya tuve junta con el licenciado. Va jalando bien. Ya le dejé papeles y volvimos a platiicar de la idea. Quedó que la próxima semana me busca para decirme como le va a hacer y que tiempo nos llevará. Está claro para él que se queda con la casa 7, así es que mantengamos esto en silencio con los del 7, ¿ok?

- ¡Ok! -se escuchó de respuesta al unísono.

- Bien, pero ahora los convoqué para otra cosa. Resulta que vino Jacobo a decirme que quiere subirnos la renta a todos. Que ya nos ha dejado mucho tiempo sin incremento y pues que ahora ya le vale y nos subirá la renta. Me dejó un papelito con las rentas que pagamos y a cuanto nos la quiere subir.

- ¿Qué? ¿Cómo? -alegaron casi todos los presentes-. ¡No manches! Si apenas nos da para pagar esto ¡y ahora con el incremento pues nos está corriendo! – se oían varias voces en aquél bullicio desordenado.

- ¡Pues que les digo! Yo estoy igual -respondió Bryan-, por eso creo que el plan de quedarnos con las casas ya debe darse, no es justo que nos quiera subir la renta cuando hemos pagado tan bien y puntuales. Así es que si no tienen otra cosa en mente, dejemos de pagar la renta todos a la vez para que sienta Jacobo quién manda.

- ¡Sí! ¡Eso! Que se pudra ese maldito. Que falta de respeto a nosotros que hemos sido buenos pagadores. Sí, que se muera y ya hagamos lo de las casitas. ¡Él se lo buscó! - decían varias voces a gritos de enfado.

- A ver. Vamos a votar para que luego no digan que se les impuso y se quejen- dijo Bryan-. A ver la casa 1 que soy yo, voto a favor que no paguemos la renta y vayamos por las casas.

- ¡Casa 2 a favor!

- ¡Y la casa 3! ¡También la 4!

- ¡Casas 5 y 6 presentes!

El ambiente se volvió de sorpresa a algarabía. Se levantaban las cervezas y se vitoreaban las próximas acciones. ¡Todos somos uno y vamos por Jacobo! Se escuchaba entre risas. La noche no se alargó tampoco esta vez. A las 12 de la noche aquello era un cementerio. Entre borrachos y cansados cayeron los miembors de aquella comunidad.

El martes siguiente Bryan estaba puesto ya en su accesoria pendiente del licenciado. Le urgía enseñarle la lista que le dejó Jacobo con las rentas y su incremento y para que eso fuera el motor de que ya 'se aventara al ruedo' y demandaran quedarse con las casitas.

Fue hasta las 5 de la tarde que apareció con su andar caracteristico el licenciado. Balanceándose entre las piernas que claramente no tenían la misma altura. El traje muy repetido color gris y una corbata que rebasaba por mucho el cinturón, en color marrón. Bryan se colocó justo en el quicio de la entrada del edificio para que no se le fugara el licenciado.

-       Que pasó mi lic., buena tarde -dijo el Bryan antes que se acercara demasiado el licenciado-.

-       Buenas tardes -contestó el licenciado, mientras se limpiaba el sudor de la frente amplia que tenía al pleno rayo del sol-.

-       Aquí al tiro mil lic. Tengo noticias nuevas que quiero platicarle y que me diga como va el caso.

-       Subamos y platicamos -le contestó haciendo el ademán con la mano de que avanzara hacia adentro. Claro, el elevador seguía sin servir y el letrero de "no sirve" pegado al frente de las puertas se mantenía-.

La rutina de la apertura de la puerta tomando las llaves de la cadena que pendía del pantalón, se mantenía. Empujó la puerta y se topó que ya no estaba la secretaria, así es que habrían de atenderse solitos. Prendió el licenciado las luces de su privado y se adentró aventando el portafolio a la parte de encima del escritorio y rodeándolo, se aventó sobre la silla. Bryan le seguía con una sonrisa tonta en los labios y deteniendo el sobre que le había dejado días pasados Jacobo.

-       Que pasó mi lic., como vamos.

-       Pues ya revisé documentos. ¿Sabe si el arrendador tiene copia de los contratos?

-       No creo mil lic. Cada vez que se firmaban me dejaba a mi para recabar las firmas y creo nunca le devolví los contratos. No estoy seguro, pero casi que no los tiene. Es más déjeme buscar a ver si yo tengo más juegos por ahí en la casa.

- Pues si no le dio los contratos, tenemos muchas posibilidades de demandar la prescripción de las casas y por tanto hacernos dueños.

- ¡Mi lic.! Yo sabía que usted es un fregón. Porque mire, el casero justo acaba de dejarnos esta lista con las rentas que se pagan en cada casa y los aumentos que pretende. Ese Jacobo me parece que ya perdió el piso y se quiere hacer rico a nuestra costa. ¡Mejor le pagamos a Usted que a él!

- Pues si no tiene los contratos y están de acuerdo, armo las demandas y nos aventamos al juzgado. Valdrá la pena que ya no paguen la renta para que no haya evidencia alguna de abono y así ya nos vamos libres.

- ¡Yuju! ¡Eso mi lic! Sabía que no me equivocaba al elegirlo. Pues dé por hecho que todos estamos de acuerdo en firmarlas. Ya tiene nombres y domicilios y las identificaciones.

- Ok. Le busco cuando esté listo, -remató el licenciado-.

Bryan se despidió de mano con un fuerte apretón y se fue ligerito, como si pesara escasos 50 kilos. Las escaleras del edificio retumbaban a cada brinco que daba en su andar alegre.

Se paró justo en la puerta del edificio y así el clásico además, dijo para sí -¡yes!

V.   El inicio ante el tribunal.

Jacobo ya había buscado un par de veces a Bryan para ver el resultado de la petición de incremento de la renta. Pero cada vez que lo veía acercarse, Bryan se escondía y le decían en su casa y en la accesoria que "no estaba". Los demás inquilinos, ante la presencia de Jacobo lo saludaban si no sentían que podían evadirlo y se manifestaban no conocer nada del incremento de la renta. La última vez que estuvo Jacobo en el inmueble, se fué pensando que claramente había ya algo que no encajaba en el comportamiento natural de los inquilinos y pensó en darles un tiempo a que hubiera reacciones. En vía de mientras, pensó, que debía contactar a un abogado para que le asistiera en el "que pasaría si…"

Dos semanas después de la última reunión de Bryan con el licenciado, se presentaron seis demandas, todas firmadas por cada uno de los inquilinos. El fundamento de la demanda lo era la prescripción. Los cuatro artículos en que se fundaba la demanda lo son los reflejados en el Código Civil para la Ciudad de México que señalan:

ARTICULO 826. Sólo la posesión que se adquiere y disfruta en concepto de dueño de la cosa poseída puede producir la prescripción.

ARTICULO 1,136. La adquisición de bienes en virtud de la posesión, se llama prescripción positiva; la liberación de obligaciones, por no exigirse su cumplimiento, se llama prescripción negativa.

ARTÍCULO 1,151. La posesión necesaria para prescribir debe ser: I.- En concepto de propietario; II.- Pacífica; III.- Continua; IV.- Pública.

ARTICULO 1,156.- El que hubiere poseído bienes inmuebles por el tiempo y con las condiciones exigidas por este Código para adquirirlos por prescripción, puede promover juicio contra el que aparezca como propietario de esos bienes en el Registro Público, a fin de que se declare que la prescripción se ha consumado y que ha adquirido, por ende, la propiedad.

Por tanto, en las demandas se reclamó como prestación:

> A. La declaración judicial que el actor "x" ha ocupado el inmueble por más de cinco años, de manera continua, pacífica, como dueño del inmueble casa

"x" ubicada en la calle de General Prim no. 2, colonia Juárez de la Ciudad de México.

B. Que atento a lo anterior, solicitan del juzgado la declaración de prescripción a favor del actor y por tanto, su inscripción así en el Registro Público de la Propiedad de la Ciudad de México; y

C. El pago de gastos y costas judiciales.

En el mismo escrito se argumentaba (hechos) como fundamento del reclamo (acción):

A. Que quién aparece en el Registro Público de la Propiedad de la Ciudad de México, lo es Jacobo Mashri Wiken, por eso lo demandan a él.

B. Que cada actor ha ocupado el inmueble por más de cinco años, a manera de propietario porque han pagado el predial y el agua del inmueble de manera constante y que a la fecha de la presentación de la demanda no ha habido oposición de persona alguna para que sigan viviendo en el inmueble, lo que confirma la calidad de poseedores con ánimo de prescribir. Evidentemente nada se dijo del arrendamiento.

C. Como testigos se ofrecieron a dos de los inquilinos de cada una de las casitas, de manera cruzada, de tal manera que todos irían a decir al juzgado que "efectivamente el señor "x" vive en el inmueble desde hace más de cinco años", con la finalidad de apuntalar la idea de poseedor para prescribir.

Cada una de las demandas fueron turnadas a seis distintos juzgados de lo Civil de proceso escrito. El Poder Judicial está dividido en juzgados "de lo Civil" "penales" y "familiares". Los Civiles son los encargados de llevar toda controversia relacionada con temas como contratos de todo tipo, cumplimiento de las obligaciones relacionadas con un dar (pago, por ejemplo); hacer (llevar a cabo una obra, por ejemplo); o no hacer o abstención (dejar de asistir a cierta asamblea de accionistas, por ejemplo). O también todo tema que tiene que ver con aspectos de carácter mercantil. Así es que el tema de la prescripción demandada encuadraba bien en la competencia que la Ley Orgánica del propio poder judicial le daba a los actores o peticionarios.

Los aspectos de la competencia del tribunal, además del aspecto de la materia, como lo es en este caso, también debe analizar los aspectos de competencia relacionados con el territorio donde debe demandarse (amén de la cuantía y grado que no son, por ahora, materia del estudio de la demanda).

Los juzgados de lo Civil están enclavados en la avenida Niños Hérores, llamada la Ciudad Judicial, ya que abriga no solo estos juzgados, sino, además, juzgados donde las audiencias son orales (como en Estados Unidos). También está muy cerca el edificio que alberga las Salas del propio Poder Judicial, integradas por tres magistrados cada una y son los denominados tribunales de apelación; es decir, son los tribunales que revisan el actuar en el procedimiento y en la sentencia defintiva dictada por el juzgador de proceso Escrito (así el juez Civil es primera instancia y las Salas se denominan de segunda instancia, porque revisan por segunda ocasión el caso[2]). Y justo enfrente del edificio de los juzgados Civiles, está el edificio de Centro de Justicia Alternativa que custodia el control y promoción del medio alternativo de solución de conflictos denominado "mediación".

Al tercer día de presentadas las demandas, empezaron a publicarse en el Boletin Judicial[3] los acuerdos de admisión de las demandas.

---

[2] No existe en México la tercera instancia. Así, todo procedimiento acaba en una segunda instancia judicial, ya sea a nivel local o bien, en los tribunales federales en que sucede lo mismo.

[3] Periódico oficial del tribunal para dar a conocer a las partes en todo juicio que está en proceso, que "algo" le ha sucedido al expediente y por tanto, deben asistir a consultarlo.

El auto que admite a trámite la demanda, correspondiente a la casa de Bryan, señalaba:

"Ciudad de México a los veinte días del mes de agosto del años dos mil veintitres. A sus autos el escrito de Bryan López García y anexos que acompaña. Se le tiene presentando demanda en la via ordinaria civil en contra del señor Jacobo Mashri Wiken la acción de prescripción adquisitiva. Por tanto, con fundamento en lo dispuesto en los artículos 255 y demás relativos del Código de Procedimientos Civiles se admite a trámite. Con las copias simples exhibidas, córrase traslado a la parte demandada para que en el plazo de quince días produzca su contestación, en términos de lo que previenen los artículos 256, 260 y demás relativos del Código de Procedimientos Civiles, apercibiéndolo que en ca so de no hacerlo, se tendrá por contestada la demanda en sentido afirmativo. Se previene a la demandada para que señale domicilio para oír y recibir notificaciones, dentro de la jurisdicción de éste Tribunal, apercibida que de no hacerlo, las subsecuentes notificaciones, aún las de carácter personal surtirán efectos por medio del Boletín Judicial.

Por señalado el domicilio que indica la parte actora, para oír y recibir notificaciones, por autorizadas a las personas mencionadas para los mismos efectos, así como para recibir documentos y valores.

En caso de que las partes acudan a las audiencias que se señalen en el presente juicio, sé les exhorta para se presenten asesoradas de licenciado en derecho.

Digitalización. *En cumplimiento a la Circular CJCDMX-08/2022 que contiene el Acuerdo Plenario 06-08/2022 emitido por el Pleno del Consejo de la Judicatura del Poder Judicial de la Ciudad de México, publicado en el Boletín Judicial número 31 del veintitrés de febrero de dos mil veintidós: "Se hace constar, que todas las actuaciones judiciales del presente expediente han sido digitalizadas y obran en expediente digital, integrado fielmente como el físico, gozando ambas versiones de los mismos efectos legales".- NOTIFIQUESE. Lo proveyó y firma la Ciudadana Jueza Interina de lo Civil de Proceso Escrito, LICENCIADA MICAELA RAMÍREZ Y GONZALEZ, ante la fe pública de la Secretaria de Acuerdos con quien actúa y da fe.- Doy fe."*

En el mismo sentido empezaron a caer las admisiones de las otras cinco casas. El licenciado estaba contento porque en su primer paso, todo habia salido perfecto. De inmediato avisó por el celular a Bryan:

- Buen día. Hoy se admiten todas las demandas presentadas. Me ocuparé de lograr pronto el emplazamiento a Jacobo. Saludos.

- ♊ –fue la respuesta–.

Cuando se presenta una demanda y es admitida por el tribunal, entonces el siguiente paso es emplazar al demandado; en nuestro caso, a Jacobo. "Emplazar" es el término procesal con que se califica el primer llamamiento a juicio al demandado y tiene como finalidad que el demandado se entere de (i) quién le demanda; (ii) que se le demanda; (iii) ante que tribunal se le demanda; y (iv) cuantos días tiene para comparecer a juicio y producir su contestación, evento que desde luego es facultativo. Quiere decir que no está el demandado obligado a presentar la contestación; puede decidir, dependiendo de lo que se le demanda, no producir contestación alguna. La consecuencia es que se "entiende" que contesta en sentido afirmativo aceptando todo lo que diga el actor en los hechos que narra en su demanda. En materia familiar, la no contestación se entiende como una negación a los hechos que pretenden fundar el reclamo.

El encargado de llevar a cabo los emplazamientos en el juzgado es el Actuario, dotado de fe pública para certificar que los actos llevados a cabo para el debido emplazamiento se llevaron de acuerdo con lo que ordena la ley. Así es que es con el Actuario con quién se debe convenir el "cómo" y el "cuando" debe llevarse a cabo el emplazamiento. En nuestro caso, la tarea se complicaba porque en la estrategia del Licenciado, lo que buscaba es que las seis demandas llegaran el mismo día y tomar por sorpresa al arrendador Jacobo. Tarea complicada pero no imposible. Así, con cada Actuario de los seis juzgados se dio a la tarea el Licenciado de establecer día y hora para que le acompañaran a dejar los documentos de las demandas al mismo domicilio. Las citas: lunes 21 a las 10 de la mañana.

VI.   Emplazamiento.

El lunes 21 convenido, el Licenciado estaba parado justo frente a la tienda de venta de telas que tiene Jacobo en el centro de la Ciudad de México. Zona pintoresca donde pasan cientos, sino es que miles de transúntes todos los días para llegar a sus destinos, ya que queda en buena zona en camino al metro "Zócalo", por el que se entra justo a un costado de la plancha frente a Palacio Nacional.

La gente que ingresa a estas calles llenas de colores y texturas lo hace para convencerse a sí mismo de qué es lo que está buscando. *"Pásele mi reina, aquí tengo todo rebajado"* es la típica cantaleta que escuchan los marchantes.

El plato fuerte de estas calles del Centro Histórico no sabe ni huele, se siente, porque aquí las telas se venden al por mayor. Hay afelpadas, de algodón, sintéticas, de seda o rayón, de encaje para la boda, casimir para el caballero, cambaya para el mantel, las hay exóticas y tornasol. De todo tamaño, precio y color, por kilo, metro o rollo.

Son cuatro las cuadras especializadas en la materia: Venustiano Carranza, Uruguay, Jesús María y Cuauhtémoc; un verdadero paraíso para las costureras, tapiceros y aquellos gustosos de las manualidades. Aquí las hacedoras y hacedores de la confección vienen vestidos con la filosofía de *"para comprar hay que calar"*.

Jacobo era uno de esos vendedores, prestos a llamar la atención de sus posibles clientes para lograr, al menos, que entraran a darse una vueltecita en los casi 50 metros cuadrados en que se exponen los clásicos rollos de cartón envueltos por metros y metros de tela y a su vez, parados uno tras otro. Con su clásica barba larga, chinos de su pelo que caen junto a las orejas y su camisa blanca con pantalón negro estaba tranquilo Jacobo, viendo pasar a los cientos de personas. Ya le había llamado la atención a Jacobo ese señor raro, de traje, medio chueco que llevaba ya casi 20 minutos parado frente al local, pero como estaba en la acera de enfrente pensó que no era un tipo al que hay que tenerle cuidado.

A las 10 de la mañana empezaron a llegar los Actuarios. Tres de ellos muy puntuales, faltaban otros tres. Como son funcionarios que deben hacer muchas notificaciones, emplazamientos y otro tipo de diligencias están siempre cortos de tiempo. Así es que siempre "electrificados" y en movimiento, coincidieron en el saludo con el Licenciado, le dijeron al unísono "sale licenciado, vamos a hacer la diligencia". El Licenciado trató de que se esperaran poco esperando llegaran los demás actuarios, pero la negativa fue contundente. Un -ya estamos aquí y hay que apurarnos porque tengo que regresar pronto al juzgado-, fue la respuesta.

Asi es que, en bola, se enfilaron y cruzaron la calle en cuanto los múltiples carros les permitieron el paso. Jacobo ya había notado que hablaban, al menos, de su local comercial, porque un par de los señores que estaban con el trajeado había señalado el lugar, como para tener certeza que estaban frente al domicilio correcto.

-Buenos días -, dijo uno de los actuarios-. Busco al señor Jacobo Mashri Wiken.

- Soy yo -contestó Jacobo-. ¿de qué se trata?

- Buenos días, somos funcionarios del Tribunal Superior de Justicia de la Ciudad de México, mire aquí están nuestras credenciales -y todos enseñaron la identificación que les colgaba del cuello y que con cinta roja les proporciona el tribunal-. Mire, tenemos unos documentos que dejarle. Somos representantes, Actuarios, de tres juzgados diferentes y hay una demanda que se presentó en su contra y necesitamos dejarle los papeles de cada caso. ¿Está de acuerdo?

\- Pues como decirles que no. Máxime que ni siquiera se de que se trata.

\- De lo que vemos es que unos señores le han demandado como propietario de una casa que está en la calle de General Prim y reclaman la prescripción. Mire, en mi caso, el que le demanda es el señor Bryan López García.

\- ¡Como, si él es inquilino mío!

\- Pues que le digo, lo que tenga que decir habrá que comparecer en quince días al tribunal y ahí le dirá usted al tribunal lo que quiera. A mi solo me toca dejarle los documentos de la demanda y sus anexos. ¿Nos permite pasar para que nos recarguemos en alguna mesa y podamos escribir para hacerlo todo dentro y no aquí que está lleno de gente? - presionó uno de los Actuarios porque además el sol ya le calaba en la nuca.

\- Sí, sí, pasen -Jacobo los dirigió al fondo el local donde pudieron sentarse los tres actuarios e iniciar a escribir-.

El Licenciado se quedó en la entrada del local esperando ver a los demás Actuarios que le faltaban. Llegó el cuarto al que le acompañó al fondo del local para que llevara a cabo la diligencia. Lo presentó con Jacobo y volvió a salir.

- ¿Cómo? ¿Todos los inquilinos me están demandando? Pero como que se quieren quedar con mi propiedad. No entiendo nada.

- Calma don Jacobo -le dijo un Actuario-, no se preocupe. Tiene quince días para conseguir un abogado y que él sea el que le diga que hacer. Si son inquilinos como usted dice, pues me parece que este juicio es incorrecto, pero eso se lo explica usted al juez. Le aviso que si no contesta la demanda, entonces el juez va a entender que usted está de acuerdo con la demanda.

- ¡No hay manera! Claro que compareceré. Ya le estoy marcando a mi Abogado, -contestó Jacobo, en lo que tenía el celular en la oreja-.

Los cuatro Actuarios se apuraron a asentar la "razón" que identifica al demandado en descripción, así como el lugar en donde se encuentran, para que no haya duda que se cumplió con los cuatro fines del emplazamiento. Cada uno en su momento le fue pidiendo firmara la diligencia y como no tenía aun contacto con el Abogado, decidió sí firmar. Cada uno de los Actuarios le dejó la demanda y sus anexos, le dieron la mano, le desearon tener buen día y se escabuyeron entre los rollos de tela. Jacobo estaba estupefacto, parado al fondo del local, rascándose la cabeza en lo que trataba de entender lo que se decía en las demandas, que, como estaban elaboradas, leyendo una leía todas. Le llamó la atención a Jacobo que solo hubiera recibido cuatro, siendo siete los inquilinos. ¿Y los otros?

La respuesta no tardo mucho en llegar, el quinto actuario llegó, sudoroso, a la media hora y el sexto, arribó casi a las dos horas -es que se me complicó un lanzamiento mi lic.-, le decía al licenciado que aun estaba firme en la entrada del local. Jacobo en ese inter, ya había podido hablar con el abogado quién le aconsejó recibir los documentos y no firmar ni entregar su identificación, orden que llevó a cabo ante los dos actuarios, quienes, de cualquier forma, le dejaron la demanda y sus anexos en el escritorio que les facilitó para concluir sus diligencias.

\- Licenciado, ya me dejaron seis demandas de las siete casitas que tengo rentadas, ¿Qué hacemos? -preguntaba en el celular Jacobo a su abogado.

\- Nos vemos el miércoles a las 10 de la mañana en mi oficina por favor. Traiga las demandas y por lo que recuerdo, tenemos contratos de arrendamiento de estos tipos, ¿verdad?

- Sí.

- Traigame por favor también los originales de los contratos y aquí lo platicamos. No se preocupe. Saldremos perfecto -respondió el Abogado, se despidió y colgó-.

A Jacobo aun le daba vueltas la cabeza. Se le agolpaban montones de ideas y dudas. No entendía como lo demandaban si les había dado las casitas en arrendamiento y además los trataba siempre bien. No entendía nada. Dudó de ir a la vecindad a hablar con los inquilinos y especialmente con Bryan que era el lider del lugar y con quién no hace mucho había estado platicando del aumento de la renta y de repente le cayó "el veinte" ¡y entendió porque Bryan quería los papeles firmados en blanco! "Traidor" pensó y guardó todos los papeles en un solo sobre en su escritorio.

VII.   La contestación a la demanda.

En cada contestación de demanda el demandado debe dar "su versión de los hechos" para lo que la ley procesal permite que, primero, manifieste si está de acuerdo o no con lo narrado por el actor. Después, el demandado puede agregar todo lo que quiera y guste respecto de los hechos que se debaten ya en el tribunal, sujetándose a la regla de ser lo más claro que se pueda para que el tribunal entienda con claridad la defensa.

En este mismo sentido, hay cierto tipo de procedimientos (que se llaman comunmente "juicios"), en que se permite que el demandado, si tiene algo que reclamarle al contrario (actor), le contrademande o reconvenga en el mismo escrito, con lo que busca la ley procesal que toda controversia que haya entre los dos contendientes se arregle de una vez y en una sola sentencia, evitando desde luego que haya sentencias distintas que compliquen la interpretación del "todo".

Jacobo llegó puntual a la cita con el Abogado. Nunca deja el arrendador su forma de vestir tan caracteristica. Así es que no era raro en esta ocasión verle vestido con la misma camisa blanca y pantalón negro. Con su barba y bucles tradicionales y en lugar de sombrero, llevaba su Kipá[4].

El Abogado lo recibió en su sala de juntas del primer nivel. Le encanta la vista que se tiene desde ahí a cierta área del estacionamiento de la casa convertida en oficina, con su árbol de aguacate y paredes del exterior tapizadas por la enredadera denominada "moneda". Desde ahí se aprecia también un estanque lleno de peces *Koi* que le dan un sentimiento de paz

---

[4] La kipá es un gorro de uso obligatorio para cualquier hombre (sea judío o no) en lugares de servicio religioso, al rezar y al estudiar textos sagrados. Los judíos observantes la usan constantemente.

inigualable, máxime cuando se está en la tensión de un problema que hay que resolver. Por ello, usualmente el Abogado les deja unos minutos solos antes de aparecer a la junta para que se tranquilice el cliente y ya calmo, pueda entender el problema y su posible solución.

-       Buen día -distrajo el Abogado con su saludo a Jacobo de lo absorto que estaba con la vista y sus pensamientos-.

-       Buenos días Abogado, buenos días.

-       ¿Cómo estás? Ya tenía mucho tiempo que no nos veíamos. Creo como hace cuatro o cinco años.

-       Sí, justo hace cinco años cuando andaba con el tema de mi papá y su sucesión.

-       Exacto. ¿Cómo va la familia? ¿Todo lo demás?

-       Pues que le digo. Resulta que como le comenté alguna vez, se me ocurrió comprar un conjunto de siete casitas que están metidas en una especie de vecindad, en la colonia Juárez. Y pues la arreglé y la puse en renta. Así ya llevo varios años y me pagan los inquilinos y yo me hago de un dinerito extra a lo de la tienda de telas que me dejó mi papá.

\- Sí, claro que lo recuerdo. Espero que vaya jalando bien ese negocio, estaba en buen lugar. Pero a ver, de los contraros de arrendamiento dijimos que sí los tienes, ¿verdad?

\- Sí, aquí los traigo todos, son siete casitas, aunque solo me han demandado hasta ahora seis.

\- Que raro. ¿Y porque no la siete?

\- Supongo que es porque ya va de salida ese inquilino. Debe entregarme en estos días la casita porque le subí la renta y me dijo que mejor se mudaba.

\- Suena lógico. ¿Y como pagan la renta?

\- Me depositan en mi chequera mes con mes.

\- ¿Das recibo?

\- No.

\- ¿Y como identificas el pago de cada inquilino?

\- Ninguno tiene renta igual. A propósito he mantenido las rentas con ligeras variantes en el monto para poder estar identificando los pagos y no me caigan abonos del mismo monto -dijo Jacobo con cierto aire de inteligente-.

- ¡Ah! que interesante. Buena idea.

- Sí. Aquí traigo los estados de cuenta de los pagos. Tienen justo el último mes que ya no cayó el pago de rentas de ninguno, lo que quiere decir que ya estaban de acuerdo todos para hacer esto que están haciendo. Y he caído en la cuenta de porqué cuando los estuve buscando de repente ya no había nadie o todos tenían prisa para platicar. Ya estaban en la estrategia. Inclusive uno, el Bryan, que es el lidercillo de ellos, me quería sacar una hoja en blanco firmada ¡y casi caigo! Afortunadamente le dije que no y no la firmé.

- Que bueno porque eso seguramente nos hubiera complicado, pero esto así creo no tiene problema. Mira, por lo que leo, ellos pretenden hacerse pasar por poseedores para convertirse en propietarios, sin hacer ninguna referencia de los contratos de arrendamiento y del pago de las rentas. Así es que estaban esperando que no tuvieras los contratos para poder hacerse pasar como que no tienen ningun vínculo legal contigo. Pero con los contratos de arrendamiento les tenemos malas noticias.

- ¿O sea que no es grave?

- Bueno, evidentemente hay que cuidarlo. No es tan sencillo, sino que hay que saber plantearlo al tribunal y demostrar con las pruebas la verdadera historia de la relación con los inquilinos. Si lo logramos, que creo lo haremos, el tribunal nos dará la razón.

- ¿Y entonces?

- Que quieres hacer Jacobo. Les podemos reconvenir o contrademandar la rescisión de los contratos de arrendamiento y van para afuera.

- ¿Los podemos sacar?

- Si el juez nos da la razón, sí. Los ponemos de patitas en la calle.

- ¿Tarda?

- Lo que dure el juicio, pero se puede. Así es que si estás de acuerdo, a partir de hoy no puedes tener ningun contacto con ellos. No vayas a la vecindad, ni les tomes las llamadas. Nada. Es importante me hagas caso.

- Sí, sí -respondió Jacobo-, lo que usted me diga Abogado, ya sabe que en casa le tenemos mucha estima y le respetamos.

-   Pues muy bien. Me pongo a trabajar. Tenemos quince días para contestar, así es que preparo los escritos y te llamo para firma.

-   Perfecto, gracias – y con esto Jacobo se despidió.

El Abogado traía de manera paralela el patrocinio de una empresa que se encontraba en concurso mercantil y lo traía loco. El 80% del día y de la semana y del mes lo dedicaba a atender las múltiples peticiones de juntas con los varios cientos de acreedores, con el Conciliador que designa el Instituto Federal de Especialistas en Concursos Mercantiles (IFECOM), con el juez y con el propio empresario en el disfortunio. Así es que, sus pequeños tiempos libres los dedicaba a escribir las contestaciones de cada una de las seis demandas. Seis distintas, pero semejantes en su estructura, por lo que con una que puliera a detalle, podría replicarla en las demás.

Pasadas dos semanas (lo que equivale a 10 días hábiles de los 15 otorgados por el tribunal para dar contestación), el Abogado llamó a Jacobo para ponerse de acuerdo en el día que habría de comparecer al Despacho a firmar los seis escritos. Jacobo, intenso como lo era, le pidió que fuera esa misma tarde, así es que convinieron en verse exactamente a las 5 pm.

Puntual llegó Jacobo al Despacho y como era ya costumbre, lo pasaron a la sala de juntas del primer nivel, donde tomó su lugar justo viendo al ventanal que le ofrecía un ambiente de paz. Pidió a la asistente un té de limón y quedó solo por unos minutos. Los seis escritos, metidos cada uno en un folder, ya estaban formados en la mesa de juntas. En cada folder se leía el nombre del actor contra el demandado, el juzgado y el número de expediente perfectamente pegados en el extremo superior derecho. Dentro, ya con un broche, estaban insertas las demandas y la cédula de emplazamiento; y suelto, el escrito que contenía la contestación de demanda. Jacobo los vió y titubeó en abrirlos o esperar a la llegada del Abogado. Terminó por rendirse ante la curiosidad y abrió el primero que tenía a la mano… justo el de Bryan. Jacobo empezó a leer con detalle el escrito, ya que, muy poco familiarizado con esta forma de escribir, pués lo llevaba a no perder detalle. La primera parte del escrito en la parte de arriba cargado a la derecha, contenía el nombre de Bryan, iniciando por el apellido (tal como los tiene archivados el tribunal "por su letra"; es decir, por la inicial del apellido del actor en caso que sea persona física). Inmediatamente en el siguiente renglón se leía un "vs.", lo que significa un *'versus'* que en latín quiere decir, "contra" y en el siguiente renglón, el nombre del demandado iniciando, sí, por su nombre de pila.

Los datos siguientes que leía son el tipo de juicio (*Ordinario civil, prescripción positiva*), el número de expediente dividido con una diagonal que imponía en su segunda parte el año en que inició el juicio y al final una secretaría. Esa parte, después le explicaría el Abogado que se denomina "Rubro".

Cuando empezaba a leer la siguiente parte del escrito de contestación, donde leía su nombre, Jacobo fue interrumpido por el ingreso del Abogado a la sala. Asustado, como niño que hacía una travesura, cerró de manera rápida el expediente.

- Hola Jacobo, como estás. Buena tarde.

- Estimado Abogado, bien, estoy bien -contestó Jacobo-. Preocupado porque tuve que cerrar un poco antes la tienda para llegar aquí puntual y además, por lo que pueda venir con estos tipos.

- No te preocupes. Creo que estamos bien armados. Ví que ya tenías algun expediente abierto, muy bien. Si quieres te explico como está armado el escrito y cual es la idea de nuestra defensa y, además, estamos contrademandando la rescisión de los contratos y por ende, la desocupación como comentamos la vez pasada.

- Eso me tiene nervioso -contestó Jacobo-, ¿no se irán a enojar?

- Que se pudran los malditos ingratos. Todavía que les das la oportunidad de tener casa, te salen con esta vacilada de querer quedarse con tu propiedad. Así es que no te toques el corazón. Les daremos lo que debe tocarles, ni más ni menos.

- Pues eso sí. Ellos empezaron. Lo va a resentir mi cartera porque seguramente ya no me pagarán y no solo eso, sino que me va a costar, pero ya estuve pensando y si acabamos bien y los sacamos a todos, entonces voy a vender la propiedad o asociarme con unos desarrolladores y levantar ahí un buen edificio ya con otro perfil de inquilinos.

- ¡No hay bien que por mal no venga! -remató el Abogado-. Mira, te explico como funciona. Tus inquilinos presentan técnicamente la misma demanda, solo que decidieron separarla para que cada una sea autónoma de otra, pero pudieron haber presentado todos en una sola porque básicamente reclaman lo mismo. Así es que lo que te diga aplica a las seis demandas, ¿ok?

- Ok

- Bueno, mira, ellos presentan demanda pretendiendo que les prescriba a su favor (prescripción positiva) porque dicen que han ocupado cada uno una casita, por más de cinco años, en calidad de propietarios y tratan de ajustarse a lo que dice el Código Civil para la Ciudad de México, respecto de este tema cuando señala, mira, te los leo:

Artículo 1135. Prescripción es un medio de adquirir bienes o liberarse de obligaciones, mediante el transcurso del tiempo y bajo las condiciones establecidas por la ley.

Artículo 1151. La posesión necesaria para prescribir debe ser: I. En concepto de propietario; II. Pacífica; III. Contínua; y IV. Pública.

Y por último el artículo 1152 del mismo Código, que dice que cuando se está poseyendo a título de propietario, basta con que transcurran cinco años para que se genere y entonces, declarada la prescripción por el juez, se "vuelven" propietarios.

-Pero si son inquilinos y no propietarios -respondió Jacobo-.

- ¡Exacto! Pero mañosamente no dicen en la demanda que son inquilinos y solo se remiten a decir que han estado ahí por más de cinco años, pero callan del arrendamiento porque entonces solitos se darían un balazo en el pie.

\- ¿Pero no es obvio que lo son? Si me pagan cada mes la renta -dijo extrañado Jacobo-.

\- Pues como no tienen recibos según me has dicho, han de pensar que no tienes como acreditar que son inquilinos y además, han de estar apostando a que no contestes o algo así, para ver si es 'chicle y pega' como se dice comunmente.

\- Pues me parece muy mal de su parte y tal vez del abogado que los ha impulsado a esto -dijo Jacobo con un tono de tristeza y algunas gotas de enojo-.

\- Eso creo. Pero bueno, sigo. Como tenemos los contratos originales de arrendamiento, estamos diciendo justo eso. Que no son poseedores a título de dueño, sino que es una posesión derivada de los contratos y de ahí, a la imposibilidad de prescribir. Dentro de las pruebas que aportamos está, además, de la declaración de cada inquilino y el reconocimeinto del contenido y firma de cada contrato.

\- ¿Y si dicen que no es su firma?

\- Entraríamos en el juicio a tener que demostrar con prueba pericial en grafoscopía, que sí es la firma de cada uno de ellos; amén de poder presentarles algun tipo de denuncia penal por mentir en juicio.

- Se antoja complicado.

- Dependerá de su respuesta a esta posición nuestra. Con la contestación el juez les dará 'vista'; es decir, les dirá que tienen que decir con esta defensa y de ahí veremos que sigue.

- ¿Y respecto a sacarlos?

- Sí. Entonces primero nos estamos defendiendo de que no hay prescripción porque no se cumplen los extremos del artículo 1151 del Código Civil que te acabo de leer. Ya amarrado eso, estamos presentando lo que se llama en juicio 'reconvención'. Es decir, es una contrademanda que agregamos a partir de la página 12. Y de ahí estamos demandando que el tribunal, primero, declare la existencia de los contratos de arrendamiento. Luego, como consecuencia, estamos pidiendo los rescinda porque al estar vigentes aún, pero incumplidos, nos da el derecho de demandarlos y de ahí a que ordene su desocupación. Les estamos pidiendo también que nos paguen las rentas, pero eso sabemos que no pasará porque ni tienen dinero, ni tienen bienes que valgan la pena para cobrarnos, pero sí abulta el reclamo.

-       Pués estamos en sus manos Abogado.

-       No te preocupes, estamos puestos para salir adelante. No tengo duda que nos irá bien. Del tiempo es lo único que no puedo dar una certeza, porque dependemos de sus respuestas, principalmente a la del arrendamiento. Pero un tiempo, digamos natural, es de dos años de todo el 'tour' procesal, incluyendo el recurso de apelación y el Amparo que seguramente alguno de los dos, o los dos estaremos interponiendo. Pero mejor no adelantemos vísperas y estemos a lo que tenemos ahora. Así es que por favor fírmame al final de cada uno de los escritos donde está tu nombre y listo. Mañana lo mando presentar, aun cuando nos quedan un par de días.

-       Ok, pues muchas gracias y seguiremos en contacto. Jacobo se puso de pie, se despidió de mano y se enfiló al pie de la escalera que lo llevaría a la planta baja para salir.

De inmediato el Abogado le llamó a la Pasante de Derecho que tendría a su cargo el caso en cuanto al seguimiento y empujarlo para intentar se terminara lo más pronto que se pudiera. Armó las contestaciones con los anexos que habrían de presentarse; es decir, con un contrato de arrendamiento original firmado. Le dio varias instrucciones de presentación a la Pasante y de ahí, a su presentación en la mañana siguiente.

Temprano, la Pasante de Derecho recogió los seis escritos de contestación de demanda dirigidos a los seis distintos jueces, para su presentación. Los jueces de lo Civil 'de proceso escrito' se encuentran distribuidos en las dos torres que se levantan en el corazón de la colonia Doctores, precisamente en la avenida Niños Héroes, muy cerca de avenida Chapultepec. El entorno en el día, durante el horario de funcionamiento, es bastante relajado, atento a las muchas patrullas que circulan desde temprano y hasta las 3 de la tarde que cesa el funcionamiento al público de los juzgados. Es usual que el personal se quede en la tarde aun pegados a sus computadoras y sacando la chamba a efecto no se les acumule tanto, porque son cientos los escritos que llegan a cada juzgado diariamente. Así es que una pausa en el impulso procesal se puede convertir en pesadilla.

La Oficialía de Partes de cada juzgado fue recibiendo el escrito que le correspondía. Un sello en la parte *supra* de la primera hoja (justo junto a donde se describe el rubro), el tribunal acostumbra poner el sello y la descripción de los anexos que se incluyen a cada escrito. Algunos otros juzgados prefieren hacerlo en la espalda del primer escrito. Lo importante es que quede constancia del día, la hora y los documentos que se anexan a cada demanda. El Abogado había elegido a su Pasante más antigua, porque aun cuando el caso no ameritaba demasiado estudio, sí era relevante en cuanto a lo conflictuado de los temas, así es que la de 'más colmillo` fue la elegida y por tanto, las más meticulosa en cada paso y cada papel. "Atención al 101%", se decía cada vez que estaba frente a la Oficialía. Un error en ese momento puede convertirse en una pesadilla.

Al tercer día, el tribunal anunció en el Boletin Judicial (que es el 'periódico oficial del Poder Judicial' a través del cual se comunica con las partes de cada uno de los miles de juicios que se ventilan), que había *contestación de demanda y reconvención'*.

El Abogado sonrió cuando le informaron y pensó "estamos dentro". El licenciado frunció el ceño: ¿Reconvención?, se dijo a sí mismo, "esa no me la esperaba".

En el transcurso de la mañana, la Pasante del Abogado representante de Jacobo y el Licenciado, ocurrieron a ver las resoluciones (acuerdos) dictados en cada uno de los seis expedientes. Y como era de esperarse, al ser muy parecidos los planteamientos de la acción de prescripción y la defensa con su correspondiente reconvención, leer una resolución era casi como leer las otras cinco. Todas caminarían en el mismo sendero, aunque pudiera ser que a diferentes tiempos dependiendo de la carga de trabajo de cada juzgado. Así entonces, del escrito de contestación de demanda y reconvención propuesta por Jacobo, se leía la resolución del tribunal:

Ciudad de México a — ---
A sus autos el escrito del señor Jacobo Mashri Wiken por propio derecho, dando contestación oportuna a la demanda entablada por Bryan López García. Se tienen por opuestas las excepciones y defensas que hace valer y con las mismas, dése vista a la actora para que dentro del plazo de tres días manifieste lo que a su derecho convenga. Por otro lado, se tiene por presentada demanda reconvencional del señor Jacobo Mashri Wiken y con la copia simple que exhibe y sus anexos, córrase traslado al señor Bryan López García para que dentro del plazo de nueve días produzca la contestación a la misma y oponga excepciones, apercibido que de no contestar se tendrán por ciertos los hechos de la demanda reconvencional. Se tiene por autorizadas a las personas que señala para los fines que se citan en términos del numeral 112 cuarto párrafo del Código de Procedimientos Civiles. Doy Fe."

¡Demonios! -pensó el licenciado- sí sacaron los contratos de arrendamiento. Me habían dicho que seguramente no los tendría el casero. Veremos si sí son las firmas y de ahí a ver que decimos, porque con la reconvención que nos pusieron si no jala la prescripción, estarán en la calle todos. Metió el licenciado los papeles a su portafolio ya muy deteriorado por el tiempo y se encaminó a su oficina. Ya llevaba el 'tour' por los seis juzgados de los juicios de las casitas, además de haber pasado a revisar los demás casos que ya tenía adelantados en diversos juzgados, así es que el licenciado ya iba encorbado y de ahí todavía le faltaba caminar a su oficina que, aun cuando estaba alrededor de tres kilómetros de distancia de los juzgados, la caminata con el calor se hacía mucho más pesada.

Con el vaivén peculiar del licenciado, debido a tener una pierna más corta que la otra, se perdió entre la multitud de la avenida Niños Héroes y se enfiló por la avenida Chapultepec que es transversal. Tomó a la izquierda y de ahí a la diagonal, atrás del mercado que lo lleva directo a su oficina.

Bryan, al estar su accesoria técnicamente al pie de la oficina del licenciado, podía verlo caminar desde un par de cuadras. Esta vez lo vió y sintió un raro escalofrío que le pasaba por la espalda. Mal presentimiento le generó el andar raro de su asesor legal. Cojeaba, pero "diferente".

- Que pasó mi lic. -dijo Bryan cuando tuvo al licenciado cerca- ¿Cómo vamos?

- Vengo del juzgado precisamente de ver sus casos -respondió- acompáñeme. Y con un gesto con la mano lo invitó a que entrara al edificio. Bryan sentía que algo no iba "jalando" bien. Había algo en el tono de la voz y en el andar del licenciado que le impedía celebrar.

De nuevo, por ausencia de elevadores que funcionaran, ambos hubieron de subir las escaleras para llegar al tercer piso. A diferencia de las anteriores veces, el andar se sentía pesado. Ambos en silencio llegaron a la puerta de la oficina y el licenciado, como siempre, sacó las llaves de la bolsa de su pantalón que estaban atadas a su cadena agarrada desde el cinturón. Se adentraron al Despacho y Bryan callado. No quería recibir malas noticias así es que, lejos de la algarabía que traía siempre, ahora era un luto anticipado. La secretaria en su escritorio en escuadra los vió entrar, mientras en su máquina mecánica se veía que transcribía algun párrafo de un libro, como para insertarlo en algun escrito del tribunal, de esos que uno aprovecha para robustecer argumentos con criterios dados por la doctrina. Los jueces usualmente ponen más atención a los escritos que se les presentan por las partes, donde textos de autores en materias de Derecho y jurisprudencias de la Corte visten lo que se pide en cada escrito.

El licenciado aventó como siempre su raído portafolio sobre su escritorio, mientras le daba la vuelta en su reducido espacio y se aventaba sobre su sillón. Bryan en silencio de pie esperando instrucciones.

- Siéntese -dijo el letrado-, siéntese.

- Hay mi Lic., ¡siento que hoy no tiene buenas noticias!

-   Pues no buenas, pero tampoco malas. Es parte de la pelea natural en el tribunal. Justo hoy se publicaron en el Boletin Judicial del tribunal los acuerdos en cada juzgado de los seis casos y vengo de verlos. Como las demandas son similares, identifiqué que las contestaciones son bastante similares también entre las seis.

-   ¿Y?

-   Bueno, pues sacaron los contratos de arrendamiento como argumento de que no se puede prescribir porque no estamos metidos en las casas a título de dueño, sino que la posesión es, digamos, derivada. Tenía yo esperanza de que no tuvieran los contratos como tu me habías dicho. Pero los sacaron y bueno, el juez nos da vista con las contestaciones para que digamos algo relacionado con eso. Debo estudiarle a ver que podemos decir.

-   ¿Qué es dar 'vista'? ¿O eso que dijo?

-   "Dar vista" quiere decir que el juez le pregunta a la otra parte "que tiene que decir". En lugar de decirlo así, se usa la frase "dar vista".

-   Ah. ¿Y que vamos a decir?

- Tengo que pensarle y estudiarle. Leí rápido los escritos, pero ahora con calma los leeré al detalle y con eso me formaré el criterio para responder.

- Bueno lic., pues no parece tan malo.

- Veremos, pero el tema es que ahí no acaba el tema.

- ¿Cómo? -respondió Bryan mientras volvía a sentarse.

- Sí. Este tipo de juicios admite reconvención. Es decir, contrademanda. Y ellos nos contrademandan en cada uno de los casos.

- ¡Que descaro mi, lic! ¿Cómo que nos contrademandan? ¿Que quieren o que?

- Piden que el juez declare terminados los contratos de arrendamiento y por tanto, ante la falta de pago de rentas ordene la ejecución y los saquen de las casas.

- ¿Qué? ¿Cómo?

- Sí, cuando los inquilinos no pagan la renta, da derecho al arrendador o casero que pida al tribunal que termine los contratos y los saquen. Eso se llama 'lanzamiento'.

- No, no no. A ver, eso no nos dijo que iba a pasar -alegó Bryan levantando brazos y la voz-. No manche mi lic., imagínese si les digo eso a los demás. ¡Me matan!

- Bueno, hay cosas que uno no puede saber hasta que la otra parte lo pone en la mesa. Así es que ahora es una realidad con la que tenemos que trabajar.

- Uff mi lic. ¡ahora sí me la pone horrible! ¡No manche! ¡Que les digo a los demás!

- Por ahora cálmate. No pasa nada hasta ahora. Veremos como avanza el caso. Todavía nos falta mucho por hacer y escribir, así es que cálmate. Lo que sí es que cuando decidieron optar ir al tribunal en lugar de hablar con su casero, pues estamos a lo que diga la parte contraria y resuelva el juez.

- ¿Y si le llamo a Jacobo?

- No creo que sea ya opción. Le declaramos la guerra. Pero si quieres, nunca está de más. Un intento no cuesta y a lo mejor, con suerte, se arregla.

Bryan entró en shock. Se levantó, caravaneó al licenciado a manera de despedida y se dio media vuelta, saliendo por la puerta del privado y de ahí a la puerta de salida. Ni siquiera se despidió de la secretaria. Salió como zombie. Cerró la puerta tras él y se sentó en el primer escalón que le podía llevar fuera del edificio. El abultado estómago le obligaba a abrir bien las piernas para poder sentarse lo más cómodo que podía. Apoyó sus codos en las rodillas y con las panos se cubrió los ojos. Quería llorar, pero aún no entendía porqué. Pero sí sabía que posiblemente los días de felicidad se habían acabado. Y siguiendo el consejo del Licenciado, decidió ahí, sentado en la escalera, marcarle a Jacobo. Apretó el botón de llamada y respiró hondo. Sonó por varios segundos el teléfono sin respuesta.

- Claramente no quiere hablar conmigo -, pensó Bryan -sino ya me hubiera tomado la llamada-. Se puso de pie como pudo forcejeando con su barriga y en el primer descanso de la escalera pensó -¿y si no vió el celular o no le di tiempo de contestar? A ver, le marco de nuevo -.
- ¿bueno? – se escuchó como respuesta.

- Señoríta buen día, mi nombre es Bryan, ¿me podría comunicar al señor Jacobo?

- Déjeme ver si le puede contestar, espere.

Después de dos minutos.

- Para que me llamas -contestó Jacobo audiblemente molesto-.

- Hola Jacobo, como estás…

- Que quieres. Mi Abogado me tiene prohibido hablar contigo. Si te estoy contestando es porque soy decente.

- Te marco para platicar. ¿Cuándo vas a venir a las casas?

- Cuando los saque a todos con la orden del juez.

- ¿Cómo? No Jacobo. Espera. Tranquilo. Mira …,- se colgó la llamada. ¡Diablos! -dijo en voz alta Bryan- ¡en que problema nos metió el licenciado!-, lo que resonó fuerte en el cubo de la escalera por el eco. Afortunadamente no lo escuchó el licenciado.

Bryan hizo alto en el quicio de la puerta del edificio. Se levantó el pantalón que lo traía ya algo desarreglado por la caminata en las escaleras, se fajó la camisteta y se dirigió a su refaccionaria a tirarse sobre una de las llantas que vendía, para pensar bien que habría de seguir y decir a los demás inquilinos de las casitas. Claramente no les diría nada de la contrademanda porque lo cocinarían vivo y dejaría, además, de ser el 'lider' de la vecindad. El tiempo habría de ir acomodando las cosas. En vía de mientras, era buen momento de abrir una cerveza y ver pasar la mañana con desgano. Los posibles clientes que se acercaban con alguna intención de preguntar por el costo de los estéreos, bocinas, rines o llantas eran fácilmente ahuyentados con la mirada de Bryan. Y así pasaron los siguientes tres días. El licenciado, una vez que acabó su escrito de desahogo de la 'vista' y la contestación a la reconvención, le mandó decir con la secretaria que subiera a firmar los escritos y que trajera a los cinco restantes inquilinos para que firmaran el escrito. Esta última petición le pegó entre ceja y oreja al Bryan. ¡Tendría que decirles a todos como iban las cosas y si lo leían se podía dar por muerto! Así es que Bryan se puso de pie, subió tras la secretaria las escaleras del edificio y firmó, sin leer, lo que era "su" escrito. Los cinco restantes habrían de no enterarse del contenido del documento, así es que algo se le habría de ocurrir y el propio formato del escrito le dio la salida.

- Mi lic. -dijo Bryan a su licenciado-, ¿tienen que venir todos los que deben firmar? Fíjese que todos tienen horarios diferentes, así es que si quiere me llevó la última hoja de cada escrito, le recabo las firmas y se lo devuelvo mañana en la mañana. ¿Qué le parece?

- Me parece bien -dijo el licenciado-, solo que no pase de mañana porque mañana es el último día en que debo presentarlo y si no lo hacemos las consecuencias serían graves. Así es que por favor mañana me los trae temprano. Cada hoja tiene al final el nombre del que firma y con eso no nos confundimos. ¿ok?

- Ok mi lic., después ya hasta me puede contratar de su Pasante.

- No creo, pero gracias por el ofrecimiento- contestó en tono burlón el licenciado.

Bryan en un sobre se llevó los cinco escritos, donde en la hoja que se llevaba, solo se leía:

> "SEGUNDO. *Tener por contestada la reconvención y con ella, dar vista a la contraria con las excepciones y defensas interpuestas para que en el término de tres días lleve a cabo su contestación.*
>
> *TERCERO. Expedir a mi costa, copia certificada de todo lo actuado.*
>
> PROTESTO LO NECESARIO
>
> _____
> *(nombre de quién firma)*
> *Por propio derecho.*
>
> *Ciudad de México a la fecha de su presentación.*"

Ante la advertencia de "consecuencias graves" que le dijo el licenciado que pasarían si no regresaba firmadas las hojas al día siguiente, Bryan se dispuso a recabar todas las firmas esa misma tarde/noche. Así es que se enfiló a las 6 de la tarde a la vecindad y se puso a buscar a cada firmante. Al primero que vió justo llegando también, fue el Camello y de inmediato lo abordó.

- Que pasó mi Bryan. Que tranza. Que haces tan temprano en tu casa -preguntó el Camello.

-       Nada carnalito, ya vez que andamos en el tema de la demanda en contra de Jacobo y pues me pidió el licenciado que recabara las firmas de ustedes para que mañana se lleve el escrito a presentar al juzgado. Por lo que me dice, vamos jalando muy bien.

-       Que chido. Ya me hago en mi cantón viviendo feliz. Gracias mi Bryan por todo lo que haces por nosotros. Neta que te vas a ir al cielo.

-       Espero sí -dijo Bryan tragando saliva-. Firma aquí donde viene tu nombre. Aquí te traje pluma y listo.

-       ¿Pero el resto del documento? Chale. Como crees que solo se firma esto. Aquí empieza con un "Segundo" ¿y lo anterior que onda?

-       Pues que te digo hermanito. Esto es lo único que me dio el lic. Fírmale y ahora que le regrese el escrito le pido que nos de copia para estar al tiro en la información y sepamos que va pasando.

-       Pos te lo encargo, porfa.

La misma idea y estrategia la llevó Bryan con las otras firmas faltantes. Los cuestionamientos fueron en todos los casos:

¿Cómo vamos? ¿Cuando acaba? ¿Qué sigue? Por el momento Bryan sorteó las dudas ante la urgencia de la firma, pero sabía que el tiempo lo iría orillando a sentarlos con el Lic. Y más temprano que tarde se empezaría a deteriorar el entorno. A la mañana siguiente Bryan estaba entregando el mismo sobre con las cinco firmas faltantes para que se engraparan a las restantes 20 hojas del escrito y se los llevara a presentar el licenciado. A las doce del día el licenciado se enfiló al tribunal, caminando por su ruta usual y con su muy típico andar. En media hora más estaban presentados los seis escritos en sus seis distintos juzgados.

VIII.   De las pruebas.

Las pruebas en juicio son para demostrar los hechos discutidos.

Cuando se presenta el escrito de demanda y de su contestación, cada parte narra su parte de la historia (denominada "hechos"). Usualmente cada parte (actor o demandado) narran en sus respectivos escritos la parte que más le conviene y espera que el tribunal le "crea" en esa relatoría. Es por ello que una vez que se recibe el escrito de cada parte, el tribunal da oportunidad a cada una para que, mediante las pruebas, le demuestren cual de las dos está diciendo la verdad y mejor aun, toda la verdad (o casi toda).

Si el tribunal se quedara con el solo dicho del escrito de demanda y de su contestación, no sabría en realidad cual de los dos está siendo sincero y cuál es el que engaña. Es por esto que la ley procesal, dentro de lo que se denominan "formalidades esenciales del procedimiento", debe abrir "el juicio a prueba" para que usen las partes los medios que otorga la ley y con ello, demuestren (o traten de demostrar), la verdad de los hechos que están controvertidos. Y decimos que solo se deben probar (o demostrar) los hechos "controvertidos", donde una de las partes señala alguna conducta u omisión y la otra la rechaza, ya que donde ambas partes coinciden en la relatoría (historia), se exenta a ambos de la obligación de probar.

Así hay un par de máximas de la ley en el aspecto de todo procedimiento, que vale la pena siempre tener en la cabeza:

"El que afirma está obligado a demostrar el hecho"; o dicho al revés: "quién niega está exento de carga de prueba". Por eso es relevante saber escribir en la demanda o en la contestación, porque de lo que se diga es que se asume la obligación de probar lo que se dice y de no hacerlo, el hecho será soslayado en su estudio por el juzgador.

Y la otra, por consiguiente es "hecho aceptado, releva de prueba". Por ejemplo: si una parte señala que contraho matrimonio un "x" día con cierta persona y ésta acepta sin cuestionar, ya no es necesario ofrecer prueba en el juicio al estar ya aceptado (demostrado) por ambos. O, también, por ejemplo, si ambas partes reconocen haber firmado un cierto contrato o un Pagaré, etc., entonces se está exento de prueba, porque ya no se debe de demostrar al juez que ese hecho o acto existe, porque ambas partes lo han aceptado.

Así, en nuestro caso claramente hay contradicción en cuanto a la existencia o no de los contratos de arrendamiento suscritos con cada una de las seis personas involucradas, con respecto de Jacobo. Si se demuestra que los contratos de arrendamiento son reales y están firmados por las personas relacionadas (inquilinos), entonces como cascada se daría la improcedencia de la acción de prescripción por detentar una posesión (de cada casa) derivada de un arrendamiento y, además, de demostrarse el incumplimiento en el pago de rentas, entonces la reconvención tendría la fuerza suficiente para sacar a cada inquilino y echarlos a la calle.

Por el contrario, si resulta que las firmas no son de los inquilinos, al menos la reconvención propuesta por Jacobo no procedería y el tema de la prescripción quedaría en vilo.

Jacobo, cuando entregó los contratos al Abogado para proceder a la contestación de la demanda, advirtió que los contratos son originales pero que respecto de las firmas no le constaba que la hubiera impuesto cada inquilino porque le encargaba a Bryan recabar esas firmas y pudiera ser que las hubiera inventado y justo en este tenor, la respuesta de los inquilinos en juicio venía así: "esa firma no es mía".

Así es que cada parte ofertó las pruebas que le correspondían:

Cada ocupante de la casa ofreció la prueba confesional de Jacobo. Ofrecieron también las constancias documentales de que cada uno ocupaba la casa materia del juicio, la declaración de dos testigos (los mismos habitantes de las casitas, pero cruzados en todos los juicios, de donde el licenciado pidió ofrecer a los "menos tontos" para que aguantaran la presión de las declaraciones en la audiencia) y una prueba pericial en Caligrafía y Grafometría para intentar demostrar que las firmas impuestas en los contratos de arrendamiento exhibidos por Jacobo no les correspondían.

Por parte de Jacobo, se ofreció la prueba confesional a cargo de cada uno de los inquilinos (en sus respectivos juicios), los contratos de arrendamiento correspondientes a cada caso e igualmente la prueba pericial en Caligrafía y Grafometría que habrían de desahogar los peritos propuestos por cada una de las partes.

Recibidos ambos escritos aportando sus pruebas, el tribunal procedió a dictar el denominado 'auto admisorio de pruebas', (que prácticamente se replicó en los seis casos), donde dijo:

"Ciudad de México a ---
A sus autos el escrito de cuenta de Bryan López García por el que ofrece pruebas de su parte mismas que se admiten en sus términos. Se admite la prueba confesional a cargo de Jacobo Mashri Wiken y al efecto, cítesele de manera personal para que de forma personal y no por conducto de su apoderado se presente a rendir su declaración, apercibiéndole que en caso de no comparecer se le tendrá por confeso de aquellas posiciones que en su oportunidad se le formulen. Respecto de los testigos toda vez que el oferente no solicita que sea este tribunal quién les presente por no señalar que hay impedimento para ello, se admite la prueba testimonial quedando a cargo del oferente la presentación en la audiencia que al efecto se señala en este mismo auto, apercibido que en caso de no presenta a sus testigos, será declarada desierta la prueba por falta de interés jurídico del oferente. Respecto de la prueba pericial, dese vista a la contraria para que en el término de tres días manifieste respecto de la pertinencia de la prueba y en su caso, adicione cuestionario y ofrezca a su perito apercibido que de no hacerlo se acordará lo que en derecho convenga. Se admiten las documentales que acompañan a su escrito con el inciso 4, mismas que se desahogan por su propia y especial naturaleza-----------------------.

Por cuanto hace a las pruebas de Jacobo Mashri Wiken se admite la prueba confesional a cargo de Bryan López García y al efecto cítesele de manera personal para que de forma personal y no por conducto de su apoderado se presente a rendir su declaración, apercibiéndole que en caso de no comparecer se le tendrá por confeso de aquellas posiciones que en su oportunidad se le formulen. Respecto de la prueba pericial, dese vista a la contraria para que en el término de tres días manifieste respecto de la pertinencia de la prueba y en su caso, adicione cuestionario y ofrezca a su perito apercibido que de no hacerlo se acordará lo que en derecho convenga. Se admite la documental marcada con el inciso 3 de su escrito de ofrecimiento de pruebas, misma que se desahoga por su propia y especial naturaleza. A efecto de desahogar las pruebas, se señalan las 10:00 diez horas del día diez de agosto de esta anualidad, para que tenga verificativo el desahogo de las pruebas admitidas, debiéndose preparar como está ordenado. Notifíquese. Doy fe."

El 'auto admisorio de pruebas' se recibió con alegría del lado de Jacobo. Del lado de la vecindad, el licenciado no vió nada que no debiera ser. El que se preocupó fue Bryan porque lo que venía medio ocultando en cuanto a las consecuencias de lo que podría suceder, ahora no había escapatoria porque según lo que le dijo el licenciado, habría que "prepararlos para la audiencia y que sepan que les puede preguntar el Abogado de Jacobo y en su caso, que les preguntaremos nosotros a los que han de ser testigos." El estrés empezaba a reflejarse en el cuerpo de Bryan. Había perdido algunos kilos porque se había vuelto algo inapetente. Y aunque le entraba más duro a la cerveza, las tortas y las papitas con chile ya no se le antojaban tanto. Su comportamiento se empezó a modificar y como le decía su señora "ya no eres el mismo desde que se te ocurrió esto de la demanda". Y sí, lo que parecían buenas noticias cuando le arribó a la cabeza la idea de adueñarse de las casitas y ser el "potentado propietario de la Juárez", se le empezó a tornar en su contra. Las comidas de vecinos y la algarabía del futbol visto en pantalla en el patio con los cuates mientras las señoras guizaban las carnitas y los hijos acarreaban las chelas, se terminaba. Los vecinos no entendían porque el Bryan ahora se había vuelto osco. Todo se lo achacaban a los regaños constantes de su señora que a toda hora se escuchaban en la vecindad. Al fin y al cabo chiquito todo, los gritos y algunas conversaciones permeaban a algunos de los vecinos en las paredes de tablaroca que dividían las áreas comunes de las privativas.

Y el día llegó. Bryan tuvo que convocar a los miembros de la comunidad de las casitas para comentarles que habrían de juntarse todos para hablar directamente con el licenciado respecto a los preparativos de la audiencia. Desde luego que para los cinco vecinos y sus familias las reuniones eran motivo de algarabía, chela y mantener el espíritu de apropiación de la casa de cada uno. A Bryan no dejaba de comerle el cerebro la posibilidad de que los echaran a todos a la calle y lo peor, era que eso le producía indigestión cerebral al tener que comérselo solo.

\- A ver, a ver carnalitos, silencio -dijo Bryan para llamar la atención de los asistentes, mientras levantaba los brazos y exponía su crecida barriga-, vamos a empezar sino no acabamos. Les comento que ya se tuvo la demanda y Jacobo dio la contestación. Como se podrán imaginar, se opuso a que nos quedáramos con las casas.

\- ¡Chale! ¡Ya ni la friega! Que le cuesta dejarnos a vivir aquí -dijo el Camello-. De todos modos ahora que le ganemos en el juicio no le quedará otra más que dejarnos.

\- Ese ya es otro cantar -respondió Bryan para no dejar que esa idea se mantuviera en la cabeza de los personajes que le acompañaban-. De lo que se trata -continuó-, es que el próximo martes tenemos que ir todos juntos, bueno solo los que firmamos las demandas, sin toda la familia, para que el licenciado nos diga que nos van a preguntar, porque hay que ir al juzgado a una cosa que se llama audiencia o algo así y ahí nos van a preguntar. Entonces para que estemos al tiro y no metamos la pata.

- Va, va, va. ¿A que hora? ¿En su oficina? -preguntó doña Lupe de la casa 4.

- Sí en la oficina del lic., aquí en la otra esquina, a las 5 de la tarde. Nadie puede faltar porque si no van y no nos enseñan bien que decir, metemos la pata y ahí sí ya no respondo.

- ¡Chale!, ok. Ahí estaremos. Si quieren -dijo el Camello-, nos vemos aquí a las 5 y vamos todos juntos en bola a la oficina. Al fin que está a una cuadra.

- Vale. Así quedamos -dijo Bryan-. Ahí nos vemos, yo ya me voy a dormir- y salió huyendo esperando que nadie le hiciera más preguntas y no abrir el tema de la reconvención que buscaba echarlos para la calle.

Y así corrieron los días y llegó el fatídico martes. Bryan se dispuso a llegar solo y antes a la oficina del licenciado, para pedirle de la manera más atenta que no dijera nada de la reconvención. Que dijera solo del tema de la demanda de quedarse con las casas y si era necesario, pero de manera velada, dijera el riesgo que los echaran, pero de preferencia que no se tocara el tema. El abogado le iba a comentar lo difícil que eso sería cuando tocaron los cinco inquilinos pendientes la puerta del despacho.

La secretaria se dispuso a abrir la puerta y dejar pasar a los demandantes. Parecían más bien una banda de forajidos que futuros propietarios. Entraron de manera muy ruidosa y la secretaria los enfiló al privado del licenciado donde ya amontonadas, habían seis sillas alrededor del escritorio. El espacio era muy apretado, así es que las rodillas se rosaban unas con otras.

El licenciado pasó lista para saber que estaban los que debían estar y además para conocerlos, porque era la primera vez que los tenía de frente. Las firmas de los escritos de 'demanda' y 'desahogo de excepciones y contestación de reconvención' habían sido obtenidas por Bryan, así es que de alguna manera le dio tranquilidad al licenciado saber que los que firmaban sí existían y sí habían firmado los escritos para el tribunal.

El licenciado habló de manera concisa. Sabía que enfrente tenía a personajes que no eran de lo más culto y que, además, se notaban poco pacientes. Los pies bailando en el piso y el baile de rodillas reflejaba impaciencia. Así es que poco tiempo habría de atención.

- Gracias por venir -dijo el licenciado-. Como saben estamos llevando el tema de las casas y la posibilidad de que prescriban a su favor-. El licenciado entendió que al usar palabras muy 'sofisticadas' hacía que levantaran cejas o que se echaran para adelante las cabezas de los 'clientes' en señal de que no entendieron, por lo que hubo de cambiar la estrategia del lenguaje de lo que platicaría a palabras muy simples. Bien- siguió- lo que quiero decir es que se queden con las casas de ser posible. Como saben en realidad todos ustedes son inquilinos pero hemos estado trabajando para que el tribunal considere que por el tiempo que han vivido ahí ustedes es posible que se vuelvan propietarios.

Bryan sudaba a mares.

\- Así es que llegó el tiempo en que deben comparecer al tribunal a rendir su declaración -continuó el licenciado-. Les explico como es el proceso y de ahí si tienen dudas me dicen. ¿Les parece bien?

Todos asentaron con la cabeza.

\- Bien. Miren, el juez ha ordenado que Jacobo su casero les haga preguntas en el tribunal y también ha permitido que nosotros le hagamos preguntas[5] a Jacobo. Por lo que dentro de

---

[5] En la jerga procesal, a lo que se cuestiona en audiencia a cada una de las partes (actor o demandado) se denomina "posición" para diferenciarlo de los cuestionamientos que se hacen a los testigos que se denominan "preguntas". Aquí nosotros a propósito hemos

todo proceso eso es lo correcto y legal. Yo se que le vamos a preguntar a Jacobo porque las preguntas las elaboro yo. Pero que va a preguntar Jacobo a cada uno de ustedes, pues no lo sé. Las audiencias que nos han puesto en el tribunal por ser seis casos separados nos han caído en diferentes fechas porque cada juzgado tiene su propia carga de trabajo, pero lo que va a suceder en cada audiencia será casi igual en todos los casos. Así es que en cada audiencia solo irá uno de ustedes y los dos testigos que estamos proponiendo y así nos iremos en los seis casos. Justamente el primer caso es el de Bryan que ha sido el promotor de esto y con él sabremos que esperamos en las siguientes audiencias.

- ¡Bien! -dijeron casi al unísono todos, menos Bryan que permanecía como en una especie de letargo-. Nuestro Bryan es el que nos ha regalado esta oportunidad ¡y le debemos las chelas! ¡jaja! ¡Sí!-, se escuchaba en la algarabía del cuarto.

- A ver -los volvió a centrar el licenciado-, dejenme continuar. Entonces, a las posiciones, es decir a las preguntas que les va a hacer Jacobo es necesario que contesten primero con un sí o con un no y después deben aclarar lo que quieran. Pero en nuestro caso nos vamos a concretar a no agregar nada

---

denominado 'preguntas' a lo que debería ser dicho como 'posición', para los efectos del entendimiento del diálogo.

a lo que respondamos por favor. Porque a veces nos vamos de la lengua en el tribunal y eso nos puede generar un problema a fin de cuentas. Así es que se concretarán a decir un simple 'sí' o un 'no' a la pregunta que se les haga. ¿Hasta aquí ok?

- Ok -todos dijeron.

- Bien, entonces lo más seguro es que Jacobo intentará preguntarles temas del arrendamiento, a lo que han de decir que no. Que no son inquilinos. Si lo aceptan estamos perdidos y el juicio no se gana ¿ok? De hecho mañana se me vence el término para reforzar la prueba pericial que ofrecimos para probar que las firmas que están en los contratos de arrendamiento no son de ustedes.

- A ver a ver. ¿O sea que Jacobo sí sacó los contratos de nosotros en el juicio? -dijo el Camello.

Bryan recibió un rayo fulminante. Empezó a sudar más, lo que reflejaba que el corazón empezó a latir aún más rápido. Estaba como estatua viendo al frente sin voltear a ver a ninguno de sus covivienderos.

- Sí- contestó el licenciado, quién además veía la oportunidad de medio lavar su responsabilidad ante lo que podría venir más adelante-. Sí los presentó en cada juicio pero estamos trabajando para que el tribunal no los tome en cuenta.

- ¿Y si sí los toma en cuenta, que?- dijo Kevin, el de la casa 3.

- No creo. No creo que los tome en cuenta -respondió el licenciado-. Los objetamos y quitamos valor probatorio, además que con la pericial en grafoscopía y grafometría que hemos aportado, seguramente lograremos demostrar que los que presentó no son los reales-. Las palabras 'raras' fueron el mecanismo para bajar un poco la cantidad de preguntas, porque claramente no entendieron nada los oyentes y para no demostrar ignorancia, prefirieron quedar callados. Bryan sentía que se le salía el corazón.

- ¡Ya! chale -cortó Bryan-. Dejen que el licenciado termine de decirnos, porque si nos distraemos no acabamos nunca y ya llevamos casi una hora y mi lic. no tiene toda la tarde para nosotros.

- Gracias Bryan -refrendó el licenciado-. Entonces para acabar, cuando les pregunten, lo que sea, contestan que no y se quedan callados.

- ¿Nada más? -dijo el Camello.

- Sí, nada más. Si contestan de más y no es la respuesta correcta, entonces nos podemos meter en un lío.

- ¿Cómo cual? -preguntó el Kevin.

- ¡Que dejes de interrumpir! -cortó Bryan levantándose del asiento y volteándose a ver a todos-. ¡Que dejen trabajar y hagan solo lo que les dice el licenciado! ¡Caramba! Parece que no entienden y no nos vayan a complicar así es que cállense y solo escuchen.

- Pues si el primer que se lanza al ruedo es este buey de Bryan y por lo que veo es el que más sabe, pues que nos platique como le va y de ahí nos preparan mejor a nosotros, porque la verdad no estoy entendiendo nada -recriminó el Camello.

- Me parece buena idea -dijo Bryan levantándose-. Yo soy el primero así es que me preparo yo con el licenciado y de como me vaya les platico y así sabremos que les van a preguntar y que contestar. Así es que con esto terminamos la junta. Gracias Licenciado por recibirnos, vámonos -y para presionar, Bryan se dirigió directo a la puerta del privado del licenciado, golpeando de manera atropellada a todos con su barriga.

Y pues todos con una caravana se despidieron del licenciado y se enfilaron atrás del 'lider' del grupo para encontrarse con la puerta y de ahí, a las escaleras que los llevarían afuera del edificio. Tan atropellada y a toda prisa fue la salida, que ni siquiera se despidieron de la secretaria.

Bryan para no ser cuestionado, dijo al grupo en cuanto pusieron un pie fuera del edificio que "tenía que ir al baño de urgencia" y se echó a andar rápido a la vecindad para refugiarse en su casa. Los cinco restantes se fueron tranquilamente caminando sin antes dejar de pasar al oxxo a comprar una chela.

Al día siguiente ambas partes presentaron escrito haciendo referencia a la prueba pericial en grafoscopía y grafometría, pidiendo su admisión y, en su caso, adicionando las preguntas que habrían de contestar los peritos de cada parte.

La Grafoscopía y grafometría son dos técnicas utilizadas en el análisis de la escritura a mano, pero tienen diferentes enfoques y objetivos.

La **Grafoscopía** es la ciencia que se dedica al análisis de las características de la escritura para determinar la autenticidad de un documento o la identidad del escritor. Se centra en detectar fraudes, falsificaciones o alteraciones de firmas o documentos. Los grafoscopistas estudian detalles como la presión del trazo, la inclinación, la velocidad de escritura, la secuencia de trazos entre otros. Se usa principalmente en contextos legales, como la verificación de firmas en contratos, testamentos o documentos importantes.

Por su parte, la **Grafometría** se refiere al análisis cuantitativo de las características de la escritura manuscrita, a menudo utilizando herramientas digitales para medir diversos aspectos como la velocidad, la presión, la inclinación o el tamaño de los trazos. Emplea tecnología avanzada para hacer mediciones precisas de patrones en la escritura. A diferencia de la grafoscopía, la grafometría puede estar más enfocada en aplicaciones como la evaluación de trastornos motrices, estudios psicológicos o la automatización del análisis de la escritura a mano.

Ambas disciplinas son complementarias en el campo del análisis de la escritura, pero mientras la grafoscopía tiene un enfoque más cualitativo y forense, la grafometría tiende a ser más técnica y cuantitativa.

Al tercer día de presentados los escritos, el tribunal admitió la prueba, ordenó notificar a los peritos propuestos por cada parte y les dio cinco días contados a partir de que se estamparan las firmas de las partes frente al juez. Por tanto, ordenó que cada actor (inquilino) se presentara el día de la audiencia fijada en cada caso a estampar su firma bajo las instrucciones de los peritos, a efecto procedieran a su análisis y comparar lo impuesto de propio puño y letra *versus* las firmas que están en los contratos de arrendamiento.

El Abogado informó a Jacobo que el desahogo de la prueba pericial en cada uno de los seis juicios había sido admitida, así es que con ello se sabría si el que aparece como inquilino en cada contrato efectivamente había firmado. De ser afirmativo, la demanda estaría perdida para los inquilinos y la contrademanda ganada.

IX.   De la recepción de las pruebas en audiencia de juicio y la sentencia.

Una vez que el tribunal admite las pruebas para su desahogo, señala día y hora para que comparezcan las partes al local del juzgado y ahí se lleve a cabo lo que en palabras procesales (*jerga procesal*) se denomina 'desahogar'.

'Desahogar una prueba' no es otra cosa que recibir la información que el medio de prueba tiene que aportar para el conocimiento de la verdad en cada juicio. Seguramente nuestro lector habrá visto una película de audiencia de juicio 'gringa' en donde una persona pasa al 'estrado', usualmente colocado a un costado de donde se sienta el juez y después de jurar con la mano derecha puesta en la Biblia y la izquierda levantada, empieza a responder las preguntas que le formulan cada uno de los abogados de la parte acusadora (fiscalía) o de la defensa. Cuando esa persona que está sentada en el estrado empieza a responder preguntas, es cuando 'se empieza a desahogar la prueba'. Si no dijera nada no desahogamos la prueba. Es hasta que empieza a decir lo que sabe respecto del caso que se debate que la prueba se desahoga, porque el juez está escuchando la información del medio de prueba.

En el caso de la prueba pericial, la misma se desahoga cuando los peritos rinden su dictamen y determinan lo que sea la materia de la prueba. Hay tantas pruebas periciales como necesidades que un experto señale al tribunal algo respecto de la ciencia o comercio o industria se debata en juicio. Así, cuando los peritos determinan que un edificio está derecho o chueco, que la firma es o no es de la persona que se estudia, que alguien tiene enfermedad mental como alzheimer o que no lo tiene, etc., etc., es a través del dictamen pericial que se desahoga y es así que la información le llega al juzgador para entender la verdad de lo que se discute.

Y llegó el día de desahogo de pruebas del primer caso de los seis discutidos en el tribunal. Las 10:00 de la mañana del diez de agosto llegaron. *"No hay plazo que no se cumpla"* dice el dicho.

Bryan desde luego no durmió nada. Ya se había sentado con el licenciado un día anterior para cerrar la estrategia en la comparecencia a la audiencia, pero el entorno era bastante incierto. Se revolvió toda la noche en su propio sudor en su cama. No sabía que hacer o decir cuando se topara a Jacobo frente a frente después de saberse traidor. ¿A que maldita hora se me ocurrió esta 'bueyada' de demanda? se auto-reprimía una y mil veces. Pero la suerte estaba echada y no había más que darle pa'lante. A las 6 de la mañana ya estaba de pie. No aguantaba más estar en la cama. Necesitaba moverse y, además, traía en la cabeza el tema de que tenía que poner su firma en alguna hoja frente a los peritos en el tribunal y como se le había explicado, si la firma sí era, entonces el caso estaba perdido. Y Bryan sabía que la firma sí la había impuesto él. De hecho se acordaba que lo había hecho en la tienda de telas de Jacobo y frente a él. Así es que, cuando se presentó lo de la demanda nunca vieron este panorama y entonces, algo habría que hacer… y se le ocurrió ejecutar su loca idea.

A las 9:50 llegó Bryan al juzgado. Los tribunales le quedan muy cerca de su casa, así es que caminando se fue, sin antes pasar por su accesoria. Ejecutó el plan que le vino a la cabeza mientras se bañaba y se siguió. Se encontró al licenciado justo en la esquina del edificio caminando rumbo al tribunal.

- ¿Que te pasó en la mano? -preguntó el licenciado.

- Hijole mi lic. No ando de suerte. Ando todo distraído y ayer en la mañana jale unas llantas que un cliente quería y se me vinieron encima y se me aplastó la mano. Vea como me quedó toda morada y amolada.

- ¿Justo ayer?

- Neta mi lic. Esto del juicio me tiene bien estúpido.

- Me imagino -contestó el licenciado en lo que caminaban al juzgado. Claramente entendió que era una jugarreta del Bryan para no estampar su firma en el juzgado, creyendo que con eso ya no se la pedirían para después.

Casi a las 10:00 de la mañana llegaron al local del juzgado que se encuentra en la avenida Niños Héroes de la colonia Doctores de la Ciudad de México. Bryan había optado por ir lo mejor arreglado que podía. Una camisa color rosa que caía más allá de su cintura y que de alguna forma le disimulaba su amplio abdomen. Un pantalón de mezclilla que le caía hasta los tenis blancos que sostenían aquél cuerpo pesado, pero que no se podía saber como se encontraba asegurado con el cinturón, gracias a la camisa amplia y no fajada. De piel morena oscura, hacía que el color de la camisa resaltara. Bien peinado y rasurado. Mostrando, ostensiblemente, la venda que le rodeaba la mano derecha machucada.

Jacobo y su Abogado ya estaban sentados en las pequeñas bancas que en algunos juzgados se tienen habilitadas para los lectores de los expedientes o visitantes. Sus dos cabezas se veían desde la entrada y era fácil identificar que era Jacobo, porque llevaba un sombrero negro de ala ancha y plana y a los lados de las orejas caían sus *'peot'* o *'peyot'*.[6] Bryan sintió un escalofrío que le recorrió toda la espalda y el corazón de aceleró y entonces, empezó a sudar. Trató de ocultar su ansiedad

---

[6] Los bucles que cuelgan a los lados de las orejas de algunos judíos, especialmente entre los judíos ortodoxos y jasídicos, se llaman peot o peyot (en hebreo: פאות). Estos rizos son parte de una interpretación de un mandamiento bíblico. La Torá, en el libro de Levítico 19:27, dice: "*No raparás en torno de tu cabeza, ni tirarás las bordas de tu barba.*" La razón por la cual algunos judíos ortodoxos dejan crecer estos bucles es para cumplir con este mandamiento que prohíbe cortar o afeitar el pelo de los costados de la cabeza. La manera en que se sigue esta regla puede variar según la tradición, el grupo o la secta judía. En algunas comunidades jasídicas, por ejemplo, los **peot** son largos y rizados, mientras que en otras pueden ser más cortos o menos visibles. Es una expresión de devoción y una forma de mantener la identidad religiosa y cultural. Este estilo puede también estar vinculado a una tradición de modestia y diferenciación dentro del pueblo judío, recordando las enseñanzas y costumbres de generaciones pasadas.

agarrándose la mano machucada para que no se notara que ambas le bailaban por los nervios.

Justo llamaron desde la puerta del juzgado. Salió el asistente de la Secretaria de Acuerdos a vocear a las partes:

¡Bryan López García contra Jacobo Mashri Wiken! ¡Ordinario civil!

¡Bryan López García contra Jacobo Mashri Wiken! ¡Ordinario civil!

Terminada la letanía, se devolvió el asistente a su Secretaría donde habría de llevarse la audiencia. El espacio asignado por el tribunal a cada una de las dos secretarías que tienen los juzgados no es muy grande. Tal vez será de unos 16 metros cuadrados, donde la Secretaria de Acuerdos está sentada, junto tiene a quién le escribe en la computadora y del otro lado del frente de este mueble, están las sillas individualizadas para quienes asisten a la audiencia. El Abogado se acercó al lugar con la identificación de Jacobo y su cédula profesional para poder actuar como Abogado Patrono y por tanto intervenir en la audiencia, preguntando e interviniendo durante toda la diligencia. A Jacobo le pidió se quedará aún alejado.

Se acumularon en el lugar el licenciado y Bryan, quienes entregaron cédula profesional e INE respectivamente para que tomaran sus datos en el acta que habría de escribirse en la computadora.

Atrás dos personas que se identificaron como peritos. Cada uno saludó a la parte que lo nombró, ya que evidentemente habrían de conocerse, quienes también sacaron sus acreditaciones como expertos en la materia que habría que desahogarse en la prueba pericial. Nadie más. El Abogado saludó al licenciado:

-   Licenciado buen día, como le va.

-   Bien Abogado, ya sabe como andamos en todo.

-   ¿Sus testigos? ¿Vienen?

-   No licenciado, a fin de cuentas consideramos que no eran necesarios-. Desde luego que el licenciado no evidenció que le dio más temor llevarlos que no presentarlos en el juicio por la poca preparación que tenían y ante el silencio que habrían de guardar Bryan y él respecto de la reconvención. Prefirieron ambos, de común acuerdo, dejarlos fuera. Ya verían si en los otros juicios los presentaban o no, pero en este seguro que no querían evidenciarlos.

- Pues yo pienso lo mismo -le contestó el Abogado-. Oiga y aprovechando, algun tipo de acuerdo, ¿les interesa?

Ese revire no se lo esperaba ni Bryan ni el licenciado. -¿Cómo que propone Abogado?

- Pues pensaba que se desisten de su demanda de prescripción y reconoce que es inquilino y firmamos un convenio en el que le damos un año para seguir en la casa y luego entregan.

- No creo Abogado. Pero deme un segundo en lo que toman nota de las identificaciones para comentarlo con mi cliente-. De inmediato tomó a Bryan del brazo y lo llevó a un extremo del juzgado para que no escucharan la conversación.

- ¿Escuchaste el ofrecimiento?- preguntó el licenciado.

- Sí mi lic.

- Que te parece.

- Pues no se. ¡Que me aconseja! -reviró Bryan notablemente aturdido.

- El problema es que si tomamos la oferta ¿que pasaría con los demás? Yo como veo las cosas la verdad no creo que ganemos.

- ¡No me diga eso mil lic!. Estamos en el barranco y me dice que nos vamos a caer, no se vale.

- Ya me reconociste que la firma del contrato sí es tuya. Los peritos van a determinar que sí lo es y me parece que ahí ya no habrá arreglo y se nos van a echar encima. Así es que esta es la única oportunidad. Podemos pedirle más tiempo. Como dos años.

- ¡No friegue! Al menos cinco años y un milloncito. Jacobo tiene varo y pues que al menos deje algo. Sino, nos la jugamos. Chéquese como vienen vestidos su Abogado y él. Varo seguro tienen.

- Este juicio en todas sus instancias no dura cinco años ni de chiste. Dos tal vez -remató el licenciado-. Y pedirle dinero me parece que sería como una mentada. Eso no lo voy a proponer.

- Pídale cinco años y una lana, o sin lana pero sin cobro de rentas. Sino, estamos en manos de Dios y a ver que decide.

- Quién decide es el juez, no Dios.

- Pues yo tengo mucha fé que mi Diosito nos va a ayudar. Así es que cinco años y alguna de las dos opciones o nos morimos todos en el intento.

El licenciado se adelantó para acercarse al Abogado quién le esperaba con una mueca que se podía traducir en sonrisa de quién siente la victoria.

- A sus órdenes -dijo el Abogado.

- Mire Abogado. Lo que quiere mi cliente son cinco años de convenio y firmamos.

- Licenciado no hay manera. Un año y sin pago de renta los últimos seis meses para que junten su lanita para la mudanza y paguen la renta de a donde se vayan. Usted sabe que este juicio no lo ganan y si me declara falsamente en la confesional, ya me dijo mi cliente que le metamos a la denuncia por falsedad de declaraciones ante autoridad judicial. Así es que al Bryan se le va a poner color de hormiga. Usted se ve que es inteligente. Convénzalo.

El licenciado regresó casi arrastrando los pies a donde estaba Bryan esperando que dijera que sí al revire del Abogado.

- ¿Un año y seis meses sin renta? -dijo Bryan-, no mi lic. Ya hizo contra-oferta lo que quiere decir que no se siente tan seguro. Dígale que dos años y sin renta.

Sin decir palabra el Licenciado regresó al frente donde estaba la audiencia y antes de decirle algo al Abogado, la Secretaria de Acuerdos, de pie, les preguntó a los dos si habría arreglo.

El licenciado hizo seña con los dedos de "un momentito" y le dijo al Abogado en voz baja. -Mire Abogado, podemos matar los seis casos de un cuajo, pero tendrá que subirle a la oferta. Dos años y sin renta-.

- No.

- Abogado esto va a durar fácil dos años.

- Puede ser. Pero a estos bandidos no les vamos a seguir el juego. Mire que se les haya ocurrido quedarse con las casas, que cinismo. Ultima oferta o arrancamos. Un año con los últimos seis meses de renta gratis.

- Arrancamos.

- Licenciada -dijo el Abogado en voz alta para que escucharan Jacobo y Bryan-, no hay arreglo. Nos seguimos.

Bryan sintió que se le doblaban las piernas. Del otro lado, Jacobo sonrió cuando escuchó a su Abogado.

-Muy bien -dijo la Secretaria de Acuerdos-. Estoy dando fe que no vienen los testigos del actor Bryan López García y por tanto dejamos pendiente la resolución a su momento. Empecemos con la prueba confesional a cargo de la parte demandada Jacobo Mashri Wiken.

El Abogado le hizo seña a Jacobo para que se acercara a la zona de la audiencia. De paso pausado pero firme se acercó Jacobo vestido, como es su costumbre, de negro con camisa blanca. Dijo buenos días en forma general y prefirió no ver a los ojos a Bryan. La venganza no estaba en sus genes y sí la paz que claramente irradiaba y que no se distorsionaría por este, ni por ningún caso. Bryan pensó que sí le saludaría y ya había dado medio paso para extenderle la mano izquierda en señal de saludo, pero tuvo que dar marcha atrás al saberse ignorado.

La Secretaria le pidió a su Abogado que lo dejara solo, cosa que ya le había advertido a Jacobo, por lo que no hubo aspaviento alguno. Jacobo quedó claramente en paz y relajado ante lo que pudiera venir. Le tomaron "sus generales" a Jacobo y quedó listo para que le empezaran a formular las posiciones que se leían en un papel medio maltratado que había entregado el licenciado en un sobre cerrado. La idea en este tipo de juicios lo es que quién va a responder no se entere con anticipación del sentido de las posiciones para que no consulte a su asesor legal y así no se distorsione lo que debe responder. La sorpresa aquí es el factor para sacar la verdad del absolvente o, más bien, hacerlo caer en la trampa de la posición dolosa.

Jacobo echó el cuerpo para adelante para escuchar mejor, pidió permiso para quitarse el sombrero, en su lugar se dejó su kipá. La Secretaria de Acuerdos le dijo que habría de contestar primero a cada posición con un 'sí' o con un 'no' y después, si quisiera agregar algo lo podía hacer. Jacobo asintió con la cabeza. La nota característica de las posiciones en juicio (que ya están quedando casi en desuso por el nuevo procedimiento oral donde la confesión se extingue y es suplida por la prueba denominada "Declaración de Parte" que permite las preguntas abiertas y sin reglas), es que deben ser formuladas como 'afirmaciones categóricas' para que permitan la respuesta como se indicó por la Secretaria; de no estar elaborada así el tribunal la desecha. Y empezó la metralla:

A la primera -dijo la Secretaria de Acuerdos-, "Que Usted entregó la posesión de la casa 1 del inmueble ubicado en General Prim de la colonia Juárez al señor Bryan López García."

Jacobo contestó: "Sí aclarando que lo fue yo como arrendador y él como arrendatario".

A la segunda: "Que usted ha permitido por más de cinco años el uso y aprovechamiento de la casa 1 del inmueble ubicado en General Prim de la colonia Juárez al señor Bryan López García."

Jacobo dijo: Sí, aclarando que lo fue como inquilino.

A la tercera: "Que por virtud que usted permitió el acceso a Bryan López García al inmueble citado en las posiciones anteriores, tiene el derecho de vivir en el inmueble."

Jacobo contesta: Sí, pero como arrendatario.

A la cuarta: "Que sabe que el señor Bryan López García es propietario por usucapión, de la casa 1 del inmueble ubicado en General Prim de la colonia Juárez."

Jacobo titubeó porque se encontró con una palabra extraña de la que desconocía su significado. Por lo que le pidió a la Secretaria de acuerdos le explicara que quiere decir "usucapión". La Secretaria de Acuerdos le dijo que 'Usucapión' equivale a 'prescripción' de inmueble en caso que se den los requisitos de ley, que es justo lo que se debate en este juicio.

Jacobo dijo entender y pidió le repitiera la pregunta:

A la cuarta: "Que sabe que el señor Bryan López García es propietario por usucapión, de la casa 1 del inmueble ubicado en General Prim de la colonia Juárez."

Jacobo respondió: no aclarando que al señor Bryan López García no le puede prescribir el bien porque lo renta como está demostrado con el contrato de arrendamiento que se exhibió en el juicio y que está detallado en la contestación de demanda y la reconvención. Y entiendo que al ser arrendatario no puede volverse dueño por ninguna figura que diga la ley.

No había más posiciones. Por lo que se le pidió a Jacobo se levantara y dejara que ahora se sentara Bryan para responder a las posiciones que también en sobre cerrado había presentado el Abogado. El Abogado que vio esto se acercó con Jacobo y le mostró el pulgar para arriba en señal que había contestado perfecto. Ahora quién se debía retirar del área de la audiencia era el licenciado. Bryan quedó solo y el Abogado aprovechó para acercársele y darle, en un tono casi audible solo para Bryan, un par de comentarios que aumentarían el pulso del absolvente.

- Que pasó mi Bryan, que muy valiente de quedarse con algo que no te toca ¿no? Solo te digo que si dices una mentira te clavo en el bote muchos años. Así es que ándate con cuidado con las mentiras que tengas en la cabeza y que vayas a decir.

Bryan quedó mudo. El Abogado sabía que lo tenía controlado y agregó presión. Se puso de pie junto a Bryan y muy pegado, sin tocarlo, busco trastornarle su espacio vital. Así es que Bryan no sabía porque estaba tan incómodo, pero se le empezaba a nublar la mente. La mano machucada le empezaba a bailar y el sudor le corría por los ojos que se quitaba con la venda al grado que no sabía si lloraba o sudaba. Aquello nunca estuvo en la estrategia inicial.

La Secretaria de Acuerdos tomó los generales a Bryan que tuvo que corregirlos varias veces, ya que se equivocaba constantemente en la aportación de la información. Inclusive dijo mal el número de la casa donde vivía. El valentón de la accesoria, aquí se había hecho muy chiquito.

Era hora de la estocada.

- Señor Bryan López, le voy a hacer algunas preguntas y usted me debe contestar sí o no y luego si quiere agregar algo puede hacerlo. ¿Me entendió? -dijo la Secretaria de Acuerdos-.

-   Sí licenciada -contestó Bryan mientras se ponía de pie para acercarse más a donde estaba su interlocutora y con ello poner mejor atención. La barriga no le permitía acercarse lo que hubiera querido, pero al menos de pie sentía que estaba más cómodo.

-   Bien entonces. A ver, a la primera pregunta: "Que usted habita la casa 1 del inmueble sito en calle General Prim colonia Juárez de esta Ciudad de México -cuestionó la Secretaria de Acuerdos mientras leía el pliego con las posiciones que previamente se habían autorizado por el juzgador-.

-   Respuesta. Que sí.

-   A la segunda: Que con fecha 18 de marzo del año 2016 usted celebró como arrendatario, contrato con el señor Jacobo Mashri Wiken respecto del inmueble citado en la posición anterior.

-   Respuesta: Sí, pero ese contrato ya no sirve por lo viejo del contrato -quiso componer Bryan.

-   A la tercera: Que con fecha 25 de junio del año 2019 Usted celebró contrato con el señor Jacobo Mashri Wiken de arrendamiento, respecto de la casa 1 de la calle de General Prim que se describe en la posición 1 de este pliego.

Silencio. Bryan no sabía que decir. El Abogado aprovechó para acercarse al oído del gordo y recordarle que no se equivocara en la respuesta, mientras que en un papel que tenía el Abogado y que le acercó, se leía "dar vista al MP". Bryan lo leyó de reojo y eso hizo que más se bloqueara.

- ¿Señor? ¿Entendió mi pregunta? -le insistió la Secretaria de Acuerdos-.

- Sí, sí licenciada -y recordando la instrucción del licenciado se aventuró a decir-, la respuesta es no.

A la cuarta. Que derivado del arrendamiento celebrado con el señor Jacobo Mashri Wiken, usted ha hecho pago de rentas en efectivo.

Respuesta: Sí, pero a veces. Hace mucho que no le pago porque como ya soy dueño no tengo porque pagarle.

A la quinta. Que usted ha dejado de pagar rentas desde el mes de enero de este año.

Respuesta: Sí. Ya dije, como soy dueño, no tengo porque pagar rentas.

- ¿Alguna pregunta adicional que quiera hacer Abogado al señor Bryan López? -preguntó la Secretaria de Acuerdos al representante de Jacobo-.

- Me parece que con eso tenemos para ganarle y echarlo a la calle. Gracias Licenciada.

Bryan dejó caer todo el peso de su cuerpo sobre la silla que tenía a sus espaldas.

- Sigamos con las demás pruebas -dijo la funcionaria judicial, mientras el Abogado le hacía seña al 'lic' para que se acercara ante la conclusión del interrogatorio-. Así es que teníamos testigos que se comprometió a traer la parte actora y no vinieron. ¿Es correcto?

- Así es licenciada -dijo el Abogado-. Solicito a este tribunal declare desierta la prueba testimonial ofertada con el número dos del escrito de ofrecimiento de pruebas de la parte actora, por falta de interés jurídico de su oferente.

- Muy bien. La prueba se declara desierta. ¿Qué más hay? Preguntó la Secretaria de Acuerdos-.

- La prueba pericial en grafoscopía y grafometría licenciada. Los peritos de ambas partes están aquí para llevar a cabo la toma de firma de Don Bryan -dijo el Abogado-.

El licenciado, representante de Bryan intervino para puntualizar que la prueba pericial no podría llevarse a cabo ante el daño que tenía en la mano Bryan, debido al accidente que recién había sufrido.

- ¿Algo que decir? -cuestionó la Licenciada.

- Quisiera que se descubra la mano Don Bryan, para ver si es verdadera o es otra de las mañas que ha demostrado en este juicio -respondió el Abogado.

La Secretaria de Acuerdos le pidió al actor se quitara la venda. Después de un desenredo complejo, al fin se pudo ver la mano. Efectivamente aparecía un importante moretón en la parte contraria a la palma de la mano y en dos de los dedos. Imposible desahogar así la prueba pericial porque habría de escribir el actor a petición de los peritos y en ese estado no se garantizaba que fuera a ser debidamente desahogada la prueba. No hubo más que pedir diferimiento de la audiencia considerando el machucón, por lo que el tribunal estuvo de acuerdo en postergar dos semanas. La cita habría de ser a la misma hora. Se cerró el acta ante la imposibilidad de concluir con las pruebas y se pidió a todos los comparecientes firmaran el acta, quedando debidamente citadas las partes, especialmente el actor para que, en caso de no comparecer a la audiencia, se tendría como cierta la afirmación de que él impuso su firma en el contrato de arrendamiento. A los peritos se les citó igualmente apercibiéndoles para el caso de no asistir a la siguiente audiencia, se les impondría una multa.

Todos se despidieron y el abogado aprovechó para confirmarle a Bryan, frente a su Licenciado, que la propuesta duraría solamente hasta que se agotara la siguiente audiencia. Después no habría acuerdo. Ésta última reflexión se la llevaron platicando Bryan y su lic. durante el camino a la oficina y accesoria. Bryan iba un poco inflado de ánimo porque había logrado diferir la audiencia y ganar tiempo, pero el consejo de su asesor legal le restaba algo a la sonrisa y aumentaba la preocupación. No está fácil -decía el licenciado- como sí sacaron el contrato de arrendamiento, nuestras oportunidades son bajas de ganar. Sería un milagro que el dictamen pericial resultara en que no es tu firma. Solo así ganaríamos, pero si resulta que los peritos dicen que sí es, estamos a la deriva. Agotado el tema, los dos peatones se echaron la mitad de camino ya en silencio. Claramente el licenciado empujaba a Bryan a que llegara a un arreglo, lo que intentaría con el resto de los cinco aventurados de la vivienda. Veía que el final no sería muy bueno y lo que más le preocupaba era que los tenía de vecinos y que técnicamente habría de pasar por la accesoria de Bryan todos los días para llegar a su oficina. Así es que de no salir correctamente el caso al final, tendría al enemigo muy cerca.

En el inter, en lo que llegaba la audiencia de Bryan para el tema de la pericial, los demás juicios seguían avanzando. Desahogo de la prueba confesional a cargo de Jacobo o de los actores ya se le hacía casi de rutina al demandado y su Abogado. Avanzaban bien en las declaraciones y ante la presión y nerviosismo de cada actor, las respuestas que daban frente al tribunal no eran las mejores. Las tumbas de los sueños se iban cavando poco a poco con la pala de la verdad sustentada por Jacobo. Las pruebas periciales también ofertadas en los cinco casos se iban desahogando adecuadamente, con el tema que en tres de los casos no compareció el perito de cada actor y entonces hubieron de estarse al dictamen pericial del perito del demandado. ¿La causa de por qué no llegó el perito? Falta de pago de honorarios; otro concepto que no había alertado el licenciado a sus seis clientes y ante lo flaco de las carteras, no pudieron cumplir con su parte. El deterioro de los casos venía avanzando de manera significativa en sustento y en el tiempo. Jacobo salía feliz en cada audiencia porque veía que el camino de sacar a los inquilinos y recuperar el inmueble era casi un hecho. Los testigos fueron desistidos por el Licenciado. Pensaba que, además de sacarlos se podrían ganar denuncias penales y eso, además, no estaría bien para nadie. Faltaban las sentencias, pero como caminaban los casos era probable, muy probable, que se tendrían un resultado satisfactorio para Jacobo en los seis casos.

El día del desahogo de la prueba pericial de Bryan era la última que faltaba de los seis casos, porque en los otros cinco, los actores no quisieron echarse el machucón encima, aun cuando Bryan les había aconsejado que lo hicieran porque a él "le había resultado benéfico" y había ganado tiempo. Bryan desde luego había perdido algo de credibilidad en el entorno de la vecindad. De hecho, algunos o se la mentaban con cierta constancia o le sacaban la vuelta al saludo. Bryan sabía que iba quedando solo. Las tardes de 'chelas' y futbol desaparecieron. El entorno ya era sombrío en la vivienda. Los seis aventurados sentían que debían haber optado por la opción de continuar pagando su rentita que hoy, viendo hacia atrás, resultaba muy buena. ¿A dónde mudarnos si perdemos el juicio? era la otra pregunta que nunca se planteó en el camino del caso. La incertidumbre era ahora la nueva inquilina en cada casita.

Puntuales llegaron a la audiencia tanto Jacobo y su Abogado, como Bryan y el Lic. quién se veía claramente devastado por lo que vendría. El líder del grupo era quién más le preocupaba en cuanto al resultado del caso. Los otros cinco actores poca presencia tuvieron con el licenciado, así es que no se llegó a formar ese sentimiento de 'amistad' o 'compromiso' que sí se tenía con Bryan. Los dos peritos de las partes estaban también presentes.

Al llamado puntual de ¡Bryan López García contra Jacobo Mashri Wiken! ¡Ordinario civil! se pusieron de pie todos frente al escritorio de la funcionaria judicial. Entregaron cada uno identificaciones y esperaron cinco minutos a que se diera cuenta del avance del caso.

-	Bien -dijo la Secretaria de Acuerdos- ¿ahora sí listos para el desahogo? Señor Bryan ¿su mano ya lista para que procedamos a la firma?

-	Sí -se adelantó a decir el licenciado, quién ya quería claramente acabar con esto-. ¡Listos!

-	Ok. Entonces los peritos por favor indíquenle al actor que debe hacer para el desahogo de la prueba -avisó la Secretaria de Acuerdos-.

Ambos peritos rodearon a Bryan y empezó el perito del actor:

-	Por favor en estas dos hojas en blanco ponga su nombre completo hasta arriba.

-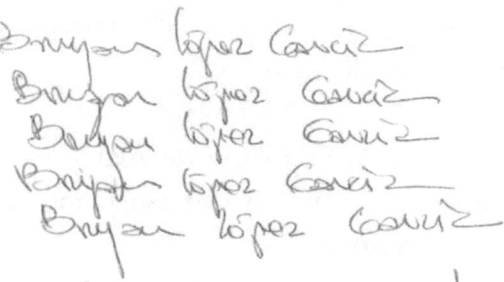

-   Muy bien. ahora en cada hoja escriba cinco veces su nombre en columna hacia debajo de la hoja.

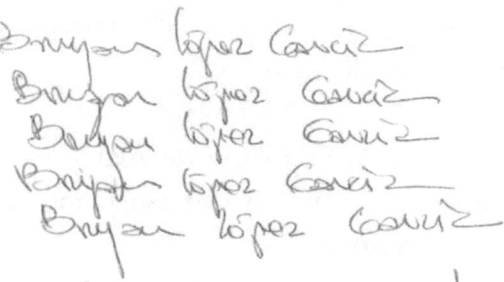

-   Muy bien. Ahora ponga cinco veces su firma en cada una de las dos hojas por favor.

-   Ok. Por mi es todo -dijo el perito del actor-. ¿Usted quiere agregar algo? -le preguntó al perito del demandado-.

- Sí, por favor escriba lo que le voy a dictar un texto pequeño conforme se lo vaya dictando por favor -dijo el perito de Jacobo a manera de respuesta a lo que le dijo el perito de la parte contraria-. Esto deberá hacerlo en cada una de las dos hojas en las que vamos trabajando, ¿ok?

- Ok -dijo Bryan notablemente nervioso-. Y acto seguido escribió:

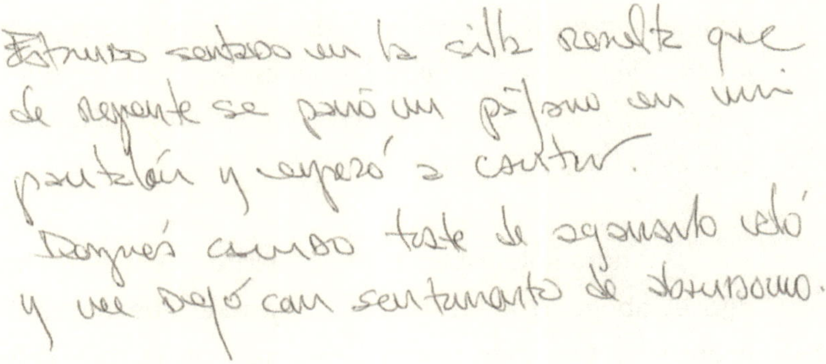

- Bien, es todo de mi parte -dijo el perito ofrecido por Jacobo-.

Le pidieron que nuevamente al final de ambas hojas firmara Bryan y de ahí, cada perito conservó una de las hojas para su estudio.

-Bien -dijo la Secretaria de Acuerdos-, con esto damos concluida la audiencia y se conceden diez días a los peritos en términos de lo dispuesto en el artículo 347 fracción III del Código de Procedimientos Civiles para que rindan sus dictámenes, apercibiéndoles que, en caso de no rendir el dictamen en tiempo, se tendrá por perdido el derecho de la parte que lo haya ofrecido y estaremos a lo que se señale por el único dictamen presentado. Dicho esto, señaló *"y atento a que aún falta prueba pendiente de desahogo, se señalan las diez horas con treinta minutos del próximo --- de -----, para el desahogo de esta prueba, subsistiendo los apercibimientos decretados en autos. Con lo que se concluye la presente diligencia siendo las 12:00 horas del día de la fecha. Doy Fe."*

- Ahora solo esperar que el perito rinda su dictamen -le dijo el abogado a Jacobo-, no hay más que hacer. Estamos prontos a terminar y como no han propuesto arreglo los actores, pues no nos queda otra que echarlos pa' fuera cuando acabe el juicio.

Esta última afirmación la escuchó bien Bryan, a quién le recorrió un escalofrío por la espalda, concretándose solo a decir a regañadientes ¡Ay Diosito estoy en tus manos!".

Los diez días concedidos a los peritos son días hábiles, ya que todo tiempo (plazo) que corre para llevar a cabo alguna actuación dentro del procedimiento judicial solo pueden hacerse en los días hábiles que van, naturalmente, de lunes a viernes. Así es que los peritos habrían de presentar su dictamen a más tardar a las 2 semanas de la fecha del examen que se llevó a cabo en el juzgado. Y así lo hicieron. Ambos coincidieron en la entrega en la ventanilla del juzgado del día diez concedido.

- Que pasó como estás – dijo Dionicio, perito de la parte actora, al perito de la demandada-.

- Bien -contestó Jacinto-, bien. Llenos de chamba, tu que tal. ¿Andas igual?

- Sí. Esto de los juicios es una locura y más que cada vez los deudores no quieren pagar y se inventan el tema de las firmas para alargar los casos. Pero yo feliz, más chamba.

- Pues eso sí, pero me parece que no es lo correcto, pero bueno, eso no nos toca a nosotros juzgarlo afortunadamente. ¿Cómo te fue con el dictamen de este caso? -aprovechó Jacinto para intentar impulsar que ambos hubieren escrito de la misma manera y con ello evitar un perito tercero en discordia[7]-.

---

[7] El perito tercero en discordia es aquél que designa el tribunal cuando los peritos de las partes no son coincidentes en el resultado de sus respectivos dictámenes. Así, como no le arrojan al tribunal cual es la realidad de aquello que dictaminan a través de la pericial, entonces el

-   Pues mira, la verdad es que el cliente... este... Bryan y su licenciado querían que pusiera que no es la firma, pero la verdad no me la voy a jugar. Claramente la firma del contrato de arrendamiento coincide con la que hicimos en la prueba. No caeré en el juego del tipo. Me ofreció subirme los honorarios, pero le dije que no. Además, le expliqué que si lo hacía irían a un tercero en discordia que señala el juez, que ese perito le cobrará también honorarios y que entonces le sale más caro, pero solo alargará un mes o algo así el caso, porque el perito que designe el tribunal no veo como pudiera decir que no es la firma.

-   Me agrada escuchar eso de ti -dijo Jacinto-. Hay que hacer las cosas bien, la verdad y ya que los clientes se peleen, pero a mí me gusta dormir con la 'pata' suelta en las noches y no que me anden correteando con denuncias. Así es que supongo entonces que tu conclusión es que sí es la firma del tal Bryan la que está en el contrato de arrendamiento.

-   Correcto.

-   Pues adelante entonces. Presenta el tuyo y después yo -concluyó Jacinto-.

---

tribunal designa uno como tercero, para que le de 'luz' respecto del sentido que podría tener aquello que se estudia.

El procedimiento de sello en la ventanilla de la Oficialía de Partes que está en cada juzgado es bastante ágil. Se presenta el documento con una copia, la que se devuelve sellada del reloj checador y a mano se pone si lleva anexos o no el documento. Concluido esto, ambos peritos se dieron la mano y se enfilaron a los elevadores para salir corriendo a cumplir con el resto de sus actividades.

Cuando Jacinto vio que el perito del actor había desaparecido, llamó al Abogado.

- ¿Bueno? Perito como anda. ¿Ya presentó dictamen? Hoy es el último día.

- Hola Abogado buen día -dijo Jacinto-, sí lo acabo de presentar. Además, le comento que coincidí en la Oficialía del juzgado con el perito del actor presentando también el dictamen.

- ¿Le preguntó como dictaminó? -cuestionó evidentemente el Abogado-.

- ¡Claro! Me dijo que igual que nosotros. Que sí es la firma la del contrato de arrendamiento.

- ¡Gran noticia! Con eso nos ahorramos al perito tercero en discordia y, además, seguramente el tribunal los condenará a salirse como inquilinos. ¡Gran día! Muchas gracias por sus servicios. Mi secretaria ya me confirmó que le abonamos sus honorarios.

- Muchas gracias y ahí luego me cuenta cómo le va con el final del caso. Saludos.

El Abogado respiró hondo ante la noticia que le acababan de dar. Así es que con eso todos los dictámenes determinan que los inquilinos sí firmaron sus respectivos contratos de arrendamiento y, por tanto, ¡se van a la calle! -concluyó en su mente la reflexión, mientras daba un buen sorbo al refresco.

A los tres días se publicaron ambos dictámenes periciales. Ambas partes por conducto de sus abogados entendieron que ya no habría más que hacer. Los dos dictámenes hacían referencia a lo mismo y su conclusión imbatible: *"El señor Bryan López García sí firmó el contrato de arrendamiento exhibido como defensa por el señor Jacobo Mashri Wiken y como fundamento de su demanda reconvencional."*

Una sonrisa se esbozó en el Abogado. Una gota de sudor se escurrió por la frente del lic. El destino del caso era fácil de saber. Solo faltaba la sentencia.

El tribunal dio vista por tres días a ambas partes con el dictamen y citó a audiencia para el desahogo de la prueba la que habría de llevarse con o sin asistencia de las partes. Y, a ese último llamado no compareció ninguna parte, citándo el juez a sentencia.

En términos de la legislación procesal, todo juez tiene la obligación de resolver una controversia que se ha puesto a su consideración. El artículo 83 del Código de Procedimientos Civiles señala a la letra:

Art. 83. Los jueces y tribunales no podrán, bajo ningún pretexto, aplazar, dilatar, ni negar la resolución de las cuestiones que hayan sido discutidas en el pleito, salvo los casos previstos por la ley.

Por tanto, el tribunal habría de dictar sentencia en un plazo no mayor a 15 días… así es que todos a tronarse los dedos.

La sombra de la pesadilla se sentía en la vecindad. Caras largas, pocas palabras en los encuentros entre los habitantes y los regaños de la esposa de Bryan eran ya lo cotidiano en esas fechas. Los seis expedientes caminaron más o menos a la par, así es que pronto empezarían a caer las sentencias. Alguna sería la primera y de ahí, en racimo las demás. Era cuestión de tiempo.

Por fin, en el día catorce se publicó en el Boletín Judicial la primera sentencia. La historia sería demoledora. El juzgador había analizado las pruebas de las partes. Por el actor, había analizado el tiempo que tenía de vivir en el inmueble que pretendía prescribir a su favor. Por el demandado, había analizado el aspecto del contrato de arrendamiento y las obligaciones y derechos impuestos en el contrato, especialmente la de pago de rentas que los seis inquilinos reconocieron no haber hecho (porque pensaban que ello 'mataría' de cuajo la intención de prescribir). Y es que, en este tenor, el juzgador determinó que no había prescripción respecto de cada vivienda señalando que "es de explorado Derecho y firme criterio jurisprudencial, que existen dos tipos de posesiones: la original (o a título de dueño) y la derivada[8], a saber: *Posesión a título de dueño*: "*Su efecto fundamental es que esta posesión se convierte en dominio por el transcurso del tiempo exigido por la ley para la Usucapión o prescripción adquisitiva.*"*Posesión derivada*: "*Se obtiene en virtud de un acto jurídico mediante el cual el propietario entrega la cosa por título **que importe obligación de devolverla**, concediendo a su contratante el*

---

[8] Diccionario Jurídico Mexicano. Instituto de Investigaciones Jurídicas. UNAM. Ed. Porrúa. México. 1999. Tomo P-Z. Pág. 2466.

*derecho de retenerla temporalmente en su poder, en carácter de usufructuario, arrendatario, acreedor prendario, **comodatario**, depositario, etcétera.* ***Los efectos que dimanan de este tipo de posesión se regirán por las normas específicas del acto jurídico de que se trate****, en todo lo relativo a los derechos sobre la cosa, frutos, gastos, responsabilidad por pérdida o menoscabo, etcétera. El que posee en virtud de un derecho real o personal distinto de la propiedad no se presume propietario."* Apuntala lo que señala la doctrina, la jurisprudencia de la Suprema Corte de Justicia y el criterio análogo que señalan:

PRESCRIPCIÓN ADQUISITIVA. PARA QUE SE ENTIENDA SATISFECHO EL REQUISITO DE LA EXISTENCIA DE LA "POSESIÓN EN CONCEPTO DE PROPIETARIO" EXIGIDO POR EL CÓDIGO CIVIL PARA EL DISTRITO FEDERAL Y POR LAS DIVERSAS LEGISLACIONES DE LOS ESTADOS DE LA REPÚBLICA QUE CONTIENEN DISPOSICIONES IGUALES, ES NECESARIO DEMOSTRAR LA EXISTENCIA DE UN TÍTULO DEL QUE SE DERIVE LA POSESIÓN.- De acuerdo con lo establecido por los artículos 826, 1151, fracción I, y 1152 del Código Civil para el Distrito Federal, y por las legislaciones de los Estados de la República que contienen disposiciones iguales, para usucapir un bien raíz, es necesario que la posesión del mismo se tenga en concepto de dueño o de propietario. Este requisito exige no sólo la exteriorización del dominio sobre el inmueble mediante la ejecución de actos que revelen su comportamiento como dueño mandando sobre él y disfrutando del mismo con exclusión de los demás, sino que también exige se acredite el origen de la posesión pues al ser el concepto de propietario o de dueño un elemento constitutivo de la acción, el actor debe probar, con fundamento en el artículo 281 del Código de Procedimientos Civiles para el Distrito Federal, que inició la posesión con motivo de un título apto para trasladarle el dominio, que puede constituir un hecho lícito o no, pero en todo caso debe ser bastante para que fundadamente se crea que posee en concepto de dueño o de propietario y que su posesión no es precaria o derivada. **Por tanto, no basta para usucapir, la sola posesión del inmueble y el comportamiento de dueño del mismo en un momento determinado, pues ello no excluye la posibilidad que inicialmente esa posesión hubiere sido derivada.**

Octava Época. Contradicción de tesis 39/92.-Entre las sustentadas por el Cuarto Tribunal Colegiado en Materia Civil del Primer Circuito y el Tribunal Colegiado del Vigésimo Circuito.-23 de mayo de 1994.-Cinco votos.-Ponente: Luis Gutiérrez Vidal.-Secretaria: María Guadalupe Saucedo Zavala.

Apéndice 1917-1995, Tomo IV, Primera Parte, página 214, Tercera Sala, tesis 317; véase la ejecutoria en el Semanario Judicial de la Federación, Octava Época, Tomo XIII, junio de 1994, página 293.

Registro digital: 913264. Instancia: Tercera Sala. Octava Época. Materia(s): Civil. Tesis: 322. Fuente: Apéndice 2000. Tomo IV, Civil, Jurisprudencia SCJN, página 271 Tipo: Jurisprudencia.

PRESCRIPCION ADQUISITIVA. POSESION NO APTA PARA PRESCRIBIR. COMODATO. Si el actor en un juicio de prescripción positiva tiene una mera tenencia o disfrute del inmueble, **que emana de un contrato de comodato, no procede la acción intentada**, pues con ello no se demuestra que la causa generadora de su posesión se derive de una enajenación, una donación, una herencia, o cualquier otro medio de adquirir aun delictuoso, como el robo o el despojo.

Amparo directo 5395/67. Josefina Rodríguez viuda de Rodríguez. 5 de diciembre de 1968. Cinco votos. Ponente: Rafael Rojina Villegas. Registro digital: 269115. Instancia: Suprema Corte de Justicia de la Nación. Sexta Época. Materia(s): Civil. Fuente: Semanario Judicial de la Federación. Tipo: Tesis Aislada.

Dicho lo anterior, la sentencia en el apartado que se denomina "Resolutivos" sentenció:

"PRIMERO. Ha sido procedente la vía intentada en la vía ordinaria civil tanto en la acción principal iniciada por Bryan López García como la procedencia de la vía reconvencional propuesta por Jacobo Mashri Wiken.

SEGUNDO. Ha sido improcedente la acción intentada de prescripción positiva por el señor Bryan López García en contra del señor Jacobo Mashri Wiken; por tanto, se absuelve a Jacobo Mashri Wiken de las prestaciones reclamadas en la acción principal.

TERCERO. Ha sido procedente la acción reconvencional intentada por el señor Jacobo Mashri Wiken en contra de Bryan López García. Por tanto se condena al señor Bryan López García a la rescisión del contrato de arrendamiento de fecha 25 de junio del año 2019 y por tanto, como consecuencia legal, se condena a la desocupación y entrega del inmueble arrendado sito en la casa 1 de la calle General Prim en la colonia Juárez de la Ciudad de México, lo que deberá hacer dentro del término de cinco días contados a partir que esta resolución quede firme, apercibido que en caso de no hacerlo, será lanzado a su costa.

CUARTO. Se condena al señor Bryan López García al pago de las rentas devengadas por el contrato de arrendamiento de fecha 25 de junio del año 2019, contadas desde el mes de enero de esta anualidad y hasta que haga pago de las mismas; lo que deberá hacerse en incidente de liquidación correspondiente.

QUINTO. No se hace especial condena en costas judiciales.

Notifíquese."

- ¿Ahora como le digo al señor Bryan de esta resolución? -pensó el licenciado ante lo que sabía era inevitable-. Seguramente se va a poner como loco.

Y el pronóstico que pensó el licenciado se cumplió a las pocas horas, cuando se llevó a cabo el encuentro inevitable. Después de atender otros casos y temas laborales naturales del litigante, el licenciado se enfiló a su oficina aun en horario de funcionamiento de la accesoria del Bryan. Sabía que se lo iba a encontrar y a la distancia lo vio justo sentado, hundido sobre de una de las llantas que vende dejando ver solo parte de las piernas y del torso hacia arriba, con el clásico sombrero que le protegía del sol. Bryan jugaba con el celular despreocupado. El licenciado hizo pausa en su andar y se quedó viendo un poco aquella escena y pensando cómo dar la noticia. Habrán pasado unos diez minutos, cuando el licenciado optó por avanzar. Respiró hondo y se enfiló con su característico andar rumbo al precipicio. Al acercarse, Bryan dejó el celular y de un brinco se puso de pie para preguntarle al licenciado si había respuesta del tribunal.

- Hola Bryan buena tarde -respondió el licenciado-, ya tenemos respuesta en el juzgado. De hecho, de los seis juicios esta es la primera sentencia que nos dictan.

- ¿Y cómo nos fue mi lic?

- Pues no bien. No sé qué pasó o que estudió el tribunal, pero el caso es que ha dicho que no es procedente nuestra demanda de prescripción. Analizaré y veré si podemos aun presentar apelación contra esta barbaridad de sentencia. No entiendo... ¡si estaba clarísimo!

- Que mala noticia mi lic. Pues a seguirle dando. ¿Entonces podemos apelar? ¿Eso cuánto tiempo se lleva?

-   Sí podemos apelar y de hecho apelaremos seguro. Es un procedimiento de más o menos tres a cuatro meses. Así es que vamos aun para largo.

-   Pues ni hablar mi lic. Avíseme como van saliendo también las demás sentencias a ver si algún juez le cae el veinte ¡y da la razón!

-   Seguro lo haré. No deben tardar ya en salir las demás.

-   Bueno mi lic. Quedo pendiente.

Cuando el licenciado pensaba que había librado bien el primer round de la entrega de información del resultado de la sentencia y teniendo un pie en el quicio de la puerta de su edificio, lo alcanzó Bryan.

-   Oiga mi lic. ¿y del tema del arrendamiento? ¿Dijo algo el juez de que es válido o no?

-   Pues esa es otra de las inconsistencias. Perdón que se me pasó comentarlo hace un rato. Resulta que dice que como se demostró con las pruebas periciales y algo de tu declaración en el juicio, declara válido el contrato de arrendamiento y por eso no procede la prescripción. Porque no acreditamos la posesión a título de propietarios.

-       Pero ¿no bastaba solo el paso del tiempo? Eso me dijo usted lic.

-       Pues es ese mi criterio, pero el juez no piensa como nosotros y por eso hay que apelar. Espero que los tres magistrados que integran la Sala Civil del mismo Poder Judicial sí analicen bien el caso y revoquen la sentencia y nos den la razón.

-       Pues que cosa. Ni hablar. A seguirle dando -concluyó Bryan-.

El licenciado se apresuró a meterse al edificio porque sabía que aún no había dicho toda la información y tal vez la más grave... ¡que estaban condenados a salirse y entregar el inmueble o serían lanzados!

X.   La Apelación.

En el procedimiento judicial mexicano, existen dos tipos de procedimientos. El Uniinstancial y el biinstancial.

Se denomina "uniinstancial" el procedimiento (o juicio) que solo tiene una instancia. Una instancia es lo que conocemos que va de la demanda a sentencia (pasando por sus etapas de admisión de demanda, emplazamiento, contestación de demanda, etapa de pruebas, alegatos y de ahí a sentencia). En este tipo de procedimientos no existe la posibilidad de apelar y por tanto no hay una segunda instancia que revise lo sucedido ante el juez uniinstancial. Lo único que puede hacer ante una sentencia de este tipo de procedimiento, es presentar demanda de Amparo.

El procedimiento es "biinstancial" porque tiene dos instancias. La primera como ya se describe en el párrafo anterior y la segunda instancia es la que se lleva ante el tribunal de apelación, compuesto por tres magistrados integrando una Sala de Apelación y son los encargados de revisar lo sucedido en el juez de primera instancia (el de "abajo"), siempre y cuando las partes (cada una o ambas) interpongan recurso de apelación y el sentido es que estos tres magistrados confirmen, modifiquen o revoquen la sentencia primera.

Así, el juez que llevó el juicio de Bryan vs. Jacobo recibió el Recurso de Apelación que interpuso Bryan por conducto de su licenciado. El mismo recurso se repitió en los otros cinco casos. En todos los juicios, palabras más y palabras menos, el sentido había sido el mismo: no hay prescripción y el contrato de arrendamiento debe prevalecer y, por tanto, o se salen a la buena los inquilinos o va la fuerza del tribunal a "ponerlos de patitas en la calle".

El Recurso de Apelación en su desahogo o 'trámite' es sencillo. Solo lleva dos escritos. El del Recurso de Apelación que interpone la parte que considera que se violaron sus derechos y la 'respuesta' que da al recurso 'la otra parte' (es decir, la parte que no apeló). Hecho esto, el juez manda a la Sala Superior (Sala de Apelación) el expediente para que sean los Magistrados quienes resuelvan si procede modificar o revocar la sentencia atacada o si confirman y se queda tal como la dictaron 'abajo'.

El Magistrado Ponente (quién hace la ponencia de sentencia) revisó el expediente a detalle y le parecía sencillo el tema a resolver. Ninguno de los abogados de las partes apareció para hacer un 'alegato de oídas' o 'alegato de oreja' con el Magistrado. No mostraron interés en pulir el tema. Así es que más o menos pasados dos meses, el Magistrado terminó su sentencia por la que confirmaba la sentencia del juez 'de primera instancia'. Así es que los siguientes pasos en este tipo de procedimiento de impugnación es que se pasa el proyecto al siguiente Magistrado quién da su consentimiento con el sentido o puede pedir aclarar o modificar y así igual con el tercero de los Magistrados. Para que una sentencia sea válida y obligue a las partes, tratándose de sentencia definitiva (como es nuestro caso), debe estar aprobada al menos por dos de los tres Magistrados.

Los tres Magistrados estuvieron de acuerdo en el sentido de la sentencia que resolvía el recurso de apelación. Se confirma la sentencia dictada por el juez, sentenciaron.

XI.   El Amparo.

El Juicio de **Amparo** en México es una figura jurídica de protección de los derechos fundamentales y tiene sus raíces en varias influencias históricas y jurídicas, principalmente en las tres siguientes:

1.   **Constitución de Yucatán de 1841**: La figura del Amparo tiene su origen más inmediato en México con el abogado y político **Manuel Crescencio Rejón**, quien en la Constitución del Estado de Yucatán de 1841 propuso una figura similar para proteger los derechos individuales de los ciudadanos. Este antecedente es clave ya que Rejón planteaba un sistema para proteger a las personas contra leyes o actos de autoridad que violaran sus derechos.

2.   **Constitución Federal de 1857**: El Amparo se consolida a nivel federal con la Constitución de 1857, donde el jurista **Mariano Otero** desempeñó un papel fundamental. Mariano Otero propuso un sistema que limitaba el alcance de los actos del gobierno y protegía los derechos humanos,

influenciado por ideas del *habeas corpus*[9] inglés y los recursos de **protección constitucional** de otros países. En la Constitución de 1857, el Amparo fue concebido para proteger a los individuos contra los abusos del poder público, las leyes inconstitucionales y los actos arbitrarios de las autoridades.

3. **Constitución de 1917**: La Constitución vigente de 1917 refinó y consolidó el Amparo. En esta nueva versión, el Amparo se convirtió en un medio eficaz para proteger no solo los derechos individuales, sino también los derechos colectivos y sociales, incluyendo el ámbito agrario y laboral. Este instrumento ha sido fundamental en el desarrollo del control de la constitucionalidad en México.

El Juicio de Amparo está regulado en la ley especial que se denomina "Ley de Amparo" y desarrolla el procedimiento en todas sus instancias ante los tribunales competentes denominndos Juzgados de Distrito, Tribunales Colegiado de Circuito (en materias civil, penal, laboral y administrativo) y como última instancia de revisión, está la Suprema Corte de Justicia de la Nación para ciertos casos específicos.

---

[9] Significa la "exhibición del cuerpo". Cuando era detenido arbitrariamente la persona, a través de esta figura se obliga a la autoridad a presentar a la persona que está sujeta al procedimiento criminal para que sea juzgado con protección de sus derechos.

Así es que ya sea que el procedimiento sea uniinstancial o biinstancial, ya agotada la apelación, lo que sigue en el procedimiento de impugnación es la demanda de Amparo. El licenciado avisó a Bryan para que también le dijera a los demás inquilinos que la sentencia de la Sala había confirmado la sentencia del juez y se mantenía el "no hay prescripción y sí aplica el contrato de arrendamiento en la relación jurídica de las partes."

Aun no se atrevía el licenciado a informarles que la espada de Damocles[10] se ceñía en sus cabezas.

---

[10] Damocles fue, al parecer, un cortesano excesivamente adulador en la corte de Dionisio I, un tirano de Siracusa, Sicilia, del siglo IV a. C. Propagó que Dionisio era "realmente afortunado al disponer de tal poder y riqueza." Dionisio, deseoso de escarmentar al adulador, se ofreció a intercambiarse con él por un día, de forma que Damocles pudiera disfrutar de primera mano su suerte. Esa misma tarde se celebró un opíparo banquete donde Damocles gozó siendo servido como un rey. Solo al final de la comida miró hacia arriba y reparó en la afilada espada que colgaba atada por un único pelo de crin de caballo directamente sobre su cabeza. Inmediatamente se le quitaron las ganas de los apetitosos manjares que le sirvieron y pidió al 'tirano' Dionisio I abandonar su puesto, diciendo que "ya no quería seguir siendo tan afortunado." Este relato parece más propio de la leyenda que de la historia. El origen de la anécdota se localiza en una *Historia* de Sicilia escrita por Timeo de Tauromenio (356-260 a. C.).

El Amparo se presentó en tiempo y forma en los seis casos. Las Salas de Apelación en cada caso recibieron las demandas de Amparo y remitieron a los Tribunales Colegiados de Circuito especializados en materia civil para que resolvieran.

Así la escala en materia procesal en estos casos es la siguiente:

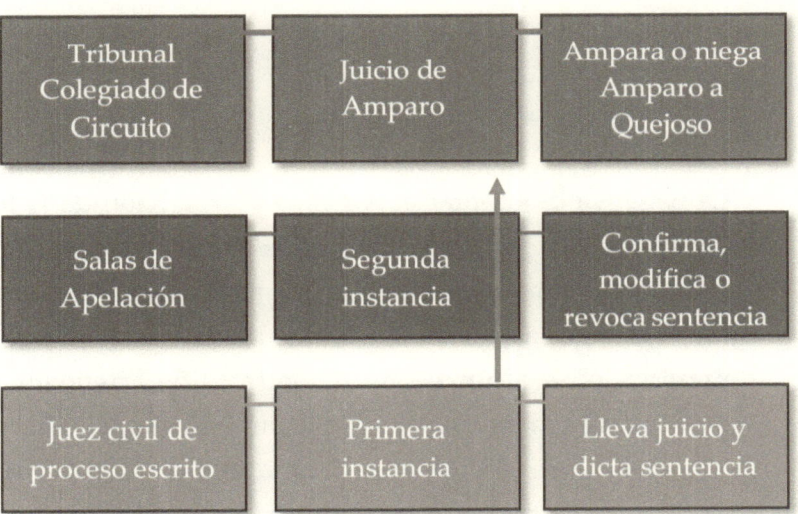

Así, en la escala de etapas procesales, el Tribunal de Amparo es la última oportunidad que se tiene para que se otorgue razón al que pide revisión de los actos procesales o de fondo que se han sucedido en el juicio.

Los Tribunales Colegiados de Circuito están integrados por tres Magistrados y es un órgano Federal. Así es que constituía la última agarradera para ver si se modificaba el resultado de la condena que el juez de primera instancia dictó y la Sala de Apelación había confirmado. El licenciado sabía que tenía nada de esperanza. Sería un milagro que algo se identificara en el caso por los Magistrados de Amparo, pero era técnicamente ya un Nocaut fulminante.

XII.   Ejecución de la sentencia.

La negativa de otorgar el Amparo y Protección de la Justicia Federal a los inquilinos, llegó a través de la sentencia correspondiente que una semana antes habían sesionado los Magistrados. Por tanto, la condena primera de "no prescripción y sí rescisión de contratos de arrendamiento y desocupación o lanzamiento" quedaron firmes y no había más que ejecutar. Es decir, lanzar a cada inquilino de las casas en caso que no lo hicieran "por la buena".

Esto explicaba con calma el Abogado a Jacobo en su oficina. El *'tour'* procesal había terminado. La ejecución estaba en puerta y el tema del lanzamiento se podía complicar atendiendo a que son varias viviendas y si se juntan, puede complicarse -decía el Abogado-.

- ¿Y quién los saca? ¿Cómo funciona? -preguntaba Jacobo, un poco preocupado por lo que pudiera venir-.

- Estos lanzamientos los debe hacer un funcionario judicial del juzgado que se llama 'Actuario'. Y él es el único que lo puede hacer porque es quién tiene fe pública y entonces lo que él diga o él escriba es la 'verdad legal'. El tema aquí es que son seis juzgados diferentes, lo que quiere decir que debo coordinar a seis actuarios porque lo ideal es que los hagamos todos el mismo día y misma hora. Así como te juntó el licenciado de los inquilinos a los actuarios para que te emplazaran el mismo día y a la misma hora, lo mismo pero ahora para 'echarlos para afuera'. De hecho son los mismos actuarios, por lo que sabrán de esto.

- ¡Ah! Pues pinta bien. ¿Valdrá la pena que hablemos con los inquilinos para que salgan a la buena? Así creo nos podemos ahorrar dolores de cabeza. Entre menos haya, más sencillo, ¿no?

- Eso sí. Dejame ver si en tu lugar voy yo o mando uno de mis abogados a semblantear. Me preocupa que vayas tú y se te echen encima. Deben estar muy dolidos y preocupados, así es que por ahora la fiera está herida y puede defenderse con todo.

- Ok. Pues bailo al ritmo de la música que me toque Abogado.

- Checamos esa parte y te reporto ¿te parece? Porque además de ello dependerá el gasto, porque obvio ni yo ni mi gente vamos a cargar los muebles. Para eso hay que contratar unos personajes que se llaman "cargadores" que están siempre alrededor del tribunal ofreciendo ese servicio. Yo ya tengo a los míos de confianza. El "tío" como le dicen al lider del grupo, es con quién me pongo de acuerdo.

- Pues sigo en sus manos Abogado. Gracias por todo y estamos en contacto.

La pregunta a resolver era si ya los inquilinos sabrían del resultado de la sentencia y si sabrían que deben salirse. Por ello el Abogado decidió sacar seis copias de la sentencia y determinó enfilarse a las viviendas para ver si podía negociar alguna salida, inclusive pagándoles algun dinero por entregar voluntariamente, ya que ello ahorraría dinero en el llevar al `Tío` y pandilla. Además, con ese pretexto podría saber más o menos, si lograba adentrarse en la vivienda, que tantos muebles habría que poner en la calle. El entorno de la vivienda en General Prim es básicamente de accesorias que venden artículos relacionados con los coches, así es que ir con el carro a esa zona no estaba fácil. Inclusive si se le juntaba 'la banda' podían desvalijar el carro en treinta segundos. Por lo que prefirió llevarse a Don Chui, el *todologo* del Despacho. Contratado hacía unos cinco años, se había ganado su lugar con un trabajo pulcro y constante. Era el sustento de toda la oficina. Desde la albañilería, mantenimiento y arreglo de cada rincón del Despacho, hasta ser chofer, mensajero y algunas veces hasta autorizado en ciertos juicios. Para manejar rápido y salir corriendo en caso de emergencia, era la opción correcta.

A las 11 de la mañana arribaron al inmueble. El abogado se bajó, no vistiendo traje; iba de *jeans* y tenis por si habría que prender la graciosa huída. Además, pensó, sin traje no se sentiría algun tipo de agresión y pudiera ser más amable la conversación con quienes se encontraran en las casitas.

El portón de fierro que dba acceso a las viviendas, estaba abierto. La cadena que se pone en las noches para salvaguardar el lugar, estaba colgado del lado izquierdo y de él pendía también el candado. Gritó desde el límite de la vivienda pensando en que sería menos agresivo que aparecer en las puertas de cada casita.

Desde la calle se notaba con claridad que la casa 7 estaba desocupada. Además que Jacobo ya no la rentó ante la salida del último inquilino, también se notaba que habían respetado tenerla vacía. Mucha basura acumulada en la puerta reflejaba ese estado.

- ¡Buenos días! -insistió el abogado mientras le pegaba a la puerta con una moneda para que se oyera más fuerte-. ¡Buen día!

Nada. Pués optó por entrar. Apenas se acercaba a las escaleras que permiten subir al pasillo que divide al patio del corredor que da acceso a cada vivienda, cuano escuchó un grito que venía de atrás.
- ¡Hey! ¡Que te pasa! ¡A donde vas!

El Abogado hizo alto inmediato, giró sobre su propio eje y se encontró que a paso veloz venía Bryan manoteando.

- Hola -contestó el Abogado levantando la mano, enseñando la palma en señal de saludo[11]-.

- Ah, que pasó lic -dijo Bryan que ya había conocido al Abogado en la audiencia del tribunal-.

---

[11] Este saludo lo hemos heredado por generaciones y cuenta la leyenda que, en el medioevo, las personas al llegar a algún lugar enseñaban la palma de la mano para demostrar que no llevaban espadas o cuchillos y poniéndolas en alto para que fuera clara su visión. Hoy es igual, pero lo asumimos con saludo.

- Nada Bryan ¿Cómo estás?

- Pues ahí vamos lic., que lo trae aquí.

- Pasé a saludarlos. Oye ¿no hay nadie adentro? Es que venía a platicar del tema de la sentencia, que supongo estás enterado.

- Pues sí, nos dijo nuestro licenciado que solo validaron el contrato de arrendamiento y ya.

- ¿No te dijo nada más?

- ¿Cómo que más?

- Pues que el juez ordenó que deben salirse. O sea que deben desocupar el inmueble.

- ¿Cómo? -dijo Bryan pelando los ojos y echándose para atrás que casi se cae. Como si le hubieran metido un puñetazo en la cara-. ¿Qué que dice mi lic?

- Que el tribunal ordena la desocupación de todos. Mira aquí traigo copia de la sentencia y aquí subrayé esa parte para que la ubiques pronto. Me parece raro que no te hubiera dicho tu licenciado.

Y mientras Bryan trataba de leer aunque tenía la vista nublada, el abogado continuó -entonces deben desocupar y ya les corrieron cinco días para eso y quisiéramos saber si se van a salir -.

Bryan leía y volvía a leer y mientras eso pasaba, los alcanzaron dos de los inquilinos. El Camello y Kevin de la casa 3. ¡Que qué paso mi Bryan! Que trae al Abogado por acá. ¿Viene a negociar, no? -preguntaban aun medio envalentonados por la ausencia de conocimiento pleno del sentido de la sentencia.

- Hola buenas tardes ¿me recuerdan? Nos vimos en el tribunal -dijo el Abogado cuidando el espacio vital para que no se le echaran encima-.

- Sí claro que nos acordamos. Pero que pasó, ¡a que viene! Ya Jacobo quiere negociar seguro, o ¿no? -instó doña Lupe de la casa 4 que se sumó a la plática-.

- Desafortunadamente no.

- ¿Tons?

Bryan que sabía que estaba contra la pared y con la espada en el cuello, interrumpió para que al menos la noticia demoledora que acababan de darle no fuera ahí conocida, o los demás inquilinos lo colgarían.

- Pues algo así viene aquí el Abogado, pero ya le dije que venga otro día con mejores ideas -dijo Bryan tomando del brazo al Abogado y llevándoselo a la puerta y estando ya con un pie afuera y aprovechándo que había dejado a los otros dos parados, en voz baja le dijo -Abogado plis aguante y yo le saco a todos sin problema. Sólo deme un mes y listo-.

- No hay un mes, lo lamento y es culpa de tu licenciado que no te dijo la verdad. Yo te doy 15 días. Sino tendré que venir a sacarlos con la policía.

- Que pasó mi lic. No la joda. Aguante. Hemos sido buenos inquilinos.

- Hasta que dejaron de serlo. En lugar de haber hablado quisieron pasarse de listos y quedarse con el inmueble. Eso no es negociable. 15 días-. Y para que no pasara nada más, el Abogado echó a andar a donde estaba la camioneta esperándolo, encendida y con Don Chui muy pendiente de todo.

- 15 días. No pues ya valió -pensó Bryan-.

Los dos inquilinos que presenciaron parte de la plática quedaron parados esperando el regreso de Bryan para que les dijera la 'neta' de lo que pasó con el Abogado.

- Eso, ya les dije. Venía a decir que quería que nos saliéramos y le dije que no. Que no hay manera.

- ¡Exacto! -exclamó el Camello-, y menos cuando el tribunal no lo ha ordenado. ¡De aquí no nos sacan!

Bryan apretó la mandíbula cuando escuchó la última afirmación del Camello. Se acababa de convertir en aliado silencioso de su licenciado que no había dicho nada de la orden de lanzamiento para el caso que no desocuparan "por las buenas". Y tenía menos de cinco minutos que había recibido el ultimatum de 15 días de espera antes que llegara el Abogado con los "cargadores" del Tío, a echarlos pa'fuera.

Con prisa se despidió Bryan y se echó a andar con prontitud a la oficina de su licenciado para confirmar lo que acababa de comentar con el Abogado de Jacobo. Por suerte, estaba el licenciado en su oficina, así es que encararlo sería sin demora.

La secretaria abrió ante los toquidos de puño en la puerta.

-   Buenos días -dijo Bryan-. ¿Está el lic? Me dijeron abajo que por aquí anda.

-   Sí, pase -con lo que la secretaria abrió toda la puerta para que lograra pasar toda la humanidad de Bryan. Y le señaló con la mano el privado de su jefe-.

-   ¡Mi lic!, ¡mi lic! ¡Qué está pasando! -dijo Bryan en voz alta en lo que se metía con prisa al privado del licenciado, a quién agarró totalmente descuidado. Tanto que peló los ojos cuando vió que se le venía encima-.

-   ¿De que? -contestó el letrado-.

-   ¡De lo que me acabo de enterar! Vino el Abogado de Jacobo ¡y me enseñó una sentencia que dice que si no nos salimos de las casas nos van a lanzar! O sea que nos van a sacar como perros de nuestras casas y ¡eso nunca me ha dicho usted mi lic! Dígame que está pasando. ¿Es cierto? ¿Eso dice la sentencia? ¿por eso nunca nos dio una copia?

El licenciado empezó a sudar y medio se sumió en su silla como para tomarla a manera de protección.

-   Sí, sí es verdad. -Alargar lo inevitable sería peor en un futuro muy próximo, por lo que el licenciado decidió concluir pronto con el tema y ya no seguir con ese secreto que le estaba carcomiendo, por lo que la respuesta afirmativa era el bálsamo para su conciencia-.

- ¡Como! -le empezó a gritonear Bryan, echándose encima del escritorio y manoteando casi en la cabeza del licenciado-. ¡Cómo! ¿Cuándo pasó eso? ¿Porqué no me dijo nada? ¿Es así en todos los casos? ¿A todos nos van a sacar como perros?

- Pues depende.

- ¡De que! -recriminaba Bryan ya en tono de grito-.

- De si se salen o no.

- ¿Pero el juez ordenó eso?

- Sí.

- ¡No lo puedo creer! ¡Y ya me dijo el abogado que nos da 15 días para salir o nos sacan!

- Les conviene salirse. Se puede poner muy feo la sacada o lanzada, como quieras llamarle.

- ¡Y que les digo a los demás! ¡No manche que voy a llegar tan campante a decirles que tienen 15 días para ahuecar el ala! ¡Me van a matar!

- Es decisión judicial.

- ¡Ya me dijo! ¡Que poca licenciado que se guardó eso! ¿Y ya nada que hacer?

- Pues ya llevo mucho tiempo defendiéndolos con apelaciones y Amparo, pero ya nada que hacer. He puesto hasta de mi bolsa para continuar con su defensa, pero ya hasta aquí llego. No he cobrado un peso.

- ¡Quedamos que se quedaría la casa siete! ¡Esos serían sus honorarios y estuvo de acuerdo!

- Pues sí, pero no se pudo.

- Pues le voy a decir a todo el mundo que usted ocultó lo de que nos teníamos que salir a ver que piensan. Y si vienen a reclamarle ¡pues se atenderá a la consecuencias!

- ¿Me amenazas?

- ¡No! -Bryan dio un manotazo en el escritorio mientras sentenciaba- ¡solo le digo que esto no acaba aquí!-. Se dio media vuelta enfilándose a la puerta de la salida, la abrió y al salir la aventó tras de sí. El portazo resonó en todo el edificio.

Bryan se dejó caer en las escaleras del edificio y sentado, se puso las manos en los ojos para reprimir un poco las lágrimas que le salían a borbotones. Bryan movía la cabeza de un lado a otro en señal de negación y apretaba los dientes mientras se autorecriminaba de como se le había ocurrido semejante locura. En el fondo, sabía que la decisión de tratar de quedarse con la casa era una moneda al aire y que desde luego habría repercuciones. Para bien, o para mal.

Al salir del edificio, después de llorar y gritar al aire varios ¡porqué!, el gordo Bryan decidió salir. Quienes lo vieron salir del edificio jurarían que acababan de ver un alma en pena. Pálido como quién lleva varios días de muerto, los brazos caídos y arrastrando los pies, Bryan se enfiló a su accesoria. Aun no sabía que diría a su gente y si, tal vez, les diría. Sabía que al haber sido quién enarboló la antorcha de la guerra, tenía mucha responsabilidad. Aunque saber con mucho tiempo de anticipación la instrucción judicial de salirse no hubiera evitado las heridas en el alma y el orgullo, sí pudiera haber sido un paleativo para ir filtrando la noticia en la vecindad. Ahora los tiempos se les vinieron encima y ni para donde hacerse.

Varias personas que pararon en la accesoria a preguntar por precios de llantas, estéreos y su colocación, no obtuvieron respuesta alguna. La vista en el firmamento de Bryan le hacían parecer que estaba drogado y los posibles clientes preferían continuar y buscar precios y condiciones en alguna de las varias accesorias que vendían lo mismo en la zona.

Llegó la noche. Tarde bajó la cortina metálica de la accesoria Bryan, como no queriendo llegar a casa. Esa noche Bryan no era ya ni la sombra de aquél dicharachero y vacilador tipo. Estaba totalmente apagado. Y el primer round tendría que echárselo con su esposa. ¡Maldita sea!

Sin decir ni buena noche, aquella alma en pena se enfiló directo a su cuarto, aventó los *crocs* que usaba ese día por zapatos y se dejó caer en la cama. Junto, su señora ya en pijama, veía ávidamente el celular del que se escuchaban chistes, risas y música. Tan estaba metida en ello, que la esposa casi ni se percató de aquella mole cayéndo en el lado izquierdo de la cama. Después de un tiempo, vió que Bryan se sacudía en la cama de los llantos. Lo miró y lo notó claramente descompuesto y chorreando lágrima.

- Pues que te pasa viejo -inquirió doña Eglantina-.

- ¡Ay vieja! Es que no sabes…

- ¡Que pasó! No me preocupes. ¿Tu estás bien?

- Pues sí, pero hoy me dieron una noticia terrible.

- ¡Te dije que te cuidaras de esa pansa! ¡Seguro ya tienes tumor o cáncer! ¡Te dije! ¿Y ahora que vamos a hacer?

- Cálmate, no es ninguna enfermedad y menos para que me eches en cara ahorita los temas.

- Entonces, que tienes viejo -ya cambió el tono la esposa, volviéndose un poco más apapachadora-.

Bryan tomó de la poca fuerza que le quedaba y disparó -Ay vieja, que nos quedan quince días para salirnos de la casa o nos van a sacar a la fuerza-.

- ¿Queeeee? ¡Que te pasa! ¿Por qué salirnos? Y en 15 días es imposible, ni siquiera hemos pensado eso. ¡Porque de repente me traes eso! -el reclamo de Eglantina sonó en casi todas las casas, aunque para suerte de Bryan nadie puso atención. Estaban acostumbrados a los 'gritos y sombrerazos' nocturnos en la casa 1-.

- Pues que te digo vieja. ¡Imaginate! ¡Me lo acaba de decir el licenciado! Y ya me dice que no hay vuelta atrás. Nos jodimos.

- ¡Y eso por andar con tus jaladas de demandas! Pues mañana te vas temprano a hablar con Jacobo y llegas a un arreglo. ¡De aquí no nos salimos y punto! -Eglantina se dio media vuelta. Apagó la luz de su buró y dándole la espalda al marido se acurrucó.

¡Que noche más larga le esperaba a Bryan! Las sombras que corrían por su cuarto con las luces de los carros que transitan por su calle, le hacían pensar que eran fantasmas queriéndo llevárselo al infierno. El gordo Bryan estaba acostado viendo al techo... pidiéndole a Dios le escuchara y le protegiera. Después, ante el silencio celestial, pasó al coraje y a pensar como ir a prenderle fuego a la tienda de telas de Jacobo... !Sí eso! Para que aprenda a no meterse conmigo. De ahí le brincó la idea de acabar en la cárcel y entonces tuvo que reprimir toda valentonada que se le venía a la mente. Se imaginó con todas sus cosas en la calle y los hijos llorando desconsolados a sus pies.

¿Y los vecinos? ¿Qué les digo a los vecinos? ¿Les digo o los dejo a su suerte? Pues bueyes que no le pidieron la sentencia al licenciado, sino también lo hubieran visto. ¡Esa no es mi responsabilidad! ¡Que se jodan!... pero bueno y que tal los niños de todos y el Camello ¿a donde se tendrán que ir? Algo debe pasar. ¡Carajo! Para que me metí en esto, tan tranquila que estaba mi vida… y así el resto de la noche. Tocó su ventana el primer rayo de sol y para entonces, Bryan estaba empapado de sudor. Su camiseta reflejaba claramente la tormenta que le pasó encima. Agotado por la noche de pesadilla que acababa de concluir, se levantó, se echó un regaderazo rápido y se salió de la casa. Bryan estaba dispuesto a dejar 'morir' a los vecinos y no informarles. Y él, a buscar a donde mudarse. Era una batalla en donde decidió pelearla totalmente solo. El regaño de la noche anterior le hizo entender que no tendría apoyo para resolver y sí hartos regaños y señalamientos con el dedo, que, por cierto, odiaba más que a nada en el mundo. Salió de la vecindad a hurtadillas.

En el otro bando, a las 10 de la mañana el Abogado arribó a la tienda de Jacobo para actualizarlo de la situación. Había que ponerlo al tanto de la plática con Bryan y los otros inquilinos, y calcular montos de honorarios de los 'cargadores' que se encargarían de poner las cosas en la calle. Jacobo recibió amablemente al Abogado, lo llevó al fondo de la tienda donde tiene instalado un privado modesto pero que le da cierta privacidad. Pasaron ambos por la maquina de café, se sirvieron y entraron a comentar la situación.

- Pués sí Jacobo -dijo el Abogado-, hablé con Bryan. No sabía lo de la orden de lanzamiento. ¡Su licenciado nada les había dicho!

- Igual y se estaba haciendo el loco, ¿no crees? -reviró Jacobo-.

- Nop. Estoy seguro que no sabía. Me peló los ojos y cuando vió que se acercaban más vecinos de las viviendas cortó de cuajo la conversación y me sacó. Así es que supongo que el licenciado no le ha dicho a nadie.

- ¿Y? entonces que pasa.

- Pues que parece entonces que no se van a salir por las buenas y debo armar el lanzamiento.

- A ver. Platícame como funciona eso -dijo Jacobo con todo un poco preocupado-.

- Le dije a Bryan que le daba 15 días para salirse, pero ante lo que entendemos que nadie sabe, quiere decir que no se saldrán ni mañana ni en un mes. Así es que prefiero preparar todo y nos les aventamos pronto antes que se enteren y me compliquen con algun Amparo o alguna chicana que me retrase.

-       ¿Y entonces que hay que hacer? ¿Yo tengo que ir? ¡Espero no!

-       No, esa es mi chamba. Como te comenté el otro día, debo llevar al actuario del juzgado quién es el funcionario judicial que tiene fe pública y entonces debe dar fe de lo que pase. Y eso por cada caso, es decir, los seis. Además debo llevar tipos que saquen las cosas y las pongan en la calle, amén que me protejan un poco por si se arman los golpes. Son, digamos, profesionales. A esos se les conoce comunmente como 'cargadores'. El 'Tío' como le dicen a su lider, es con quién ya he hecho varios lanzamientos, así es que ya nos entendemos y, además, son derechos. No se andan guardando o robando cosas de lo que van sacando y eso es importante para no meternos en una bronca después.

-       Ok. ¿Y hay que pagarle al actuario?

-       ¡Claro que no! A quienes si debo pagarle es a los cargadores. Ese tipo de lanzamientos debemos de llegar con varios cargadores, que son quienes ponen las cosas en la calle. Y, además, debo llevar cerrajero para cambiar todas las chapas y dejar con llaves nuevas.

-       Wow. Se antoja complicado.

- ¡Lo es! -dijo el abogado-, pero como ya traemos bien armado el equipo podemos salir adelante perfecto. Así es que si me das tu ok al presupuesto que aquí te dejo en esa hoja, entonces saco ya cita con el Actuario y nos programamos para el lanzamiento.

- Pues me parece que no tengo alternativa. Le tengo el dinero en dos días y se lo mando a la oficina. Doloroso esto, pero ni modo. Querían quitarme el patrimonio de mis hijos y pues contra eso no hay perdón.

- ¡Exacto! Al ataque.

XIII. El lanzamiento.

Los seis Actuarios (referentes a los seis juicios), cargadores comandados por el Tío, el Abogado y pasantes listos para arrancar el siguiente viernes a las 7 de la mañana en punto.

Las diligencias judiciales pueden realizarse desde las 7 de la mañana y hasta las 7 de la tarde/noche y solo por excepción, el tribunal puede habilitar horas para llevar a cabo actos procesales fuera de ese horario. Y en este caso, arrancar a las 7 de la mañana era importante porque es cuando se calcula estarán todos los inquilinos para el efecto de atender la diligencia con ellos de manera personal. Con uno que se atore, complicaría toda la estrategia. Así es que coordinar a todos era una apuesta alta, pero no había alternativa.

Fría la mañana. Oscura aún. Varias luces se encendieron en las casitas desde las 6 de la mañana y se fueron tapizando de luz las ventanas para las 7, lo que reflejaba que aun había gente dentro.

- ¿Listos? -preguntó el Abogado-.

- ¡Listos! -contestaron 25 voces al unísono.

Se pegaron todos a la reja principal que da acceso a las viviendas. ¡Tiene cadena con candado! -dijo uno de os cargadores en voz baja-.

- ¡Pasen el mochacandados!

De un brinco el encargado de toda herramienta estaba al frente. Ajustaron las pinzas y ¡crack!, se rompió la cadena. La cadena corriendo por el portón hizo el suficiente ruido como para que de la casa 1, la de Bryan, se asomaran por la ventana.

- ¡Wey ya nos vieron! ¡Para adentro todos y rápido! -Ya estaban asignados los cargadores que se harían cargo de cada una de las casas e identificados los Actuarios que harían su chamba por expediente. Así que cada equipo se enfiló a tocar sus correspondientes puertas. ¡Los corazones, en conjunto, se podían casi escuchar saltando en los pechos de todos los involucrados!-.

- ¡Que pasa, que pasa! -salió gritando con un pantalón mal puesto Bryan- ¡que se traen bueyes! -gritos que hicieron que las ventanas y las puertas de las casitas se fueran abriendo a velocidad. En cosa de dos minutos ya había cerca de 10 personas, entre inquilinos e hijos y señoras arremolinándose en el pasillo. Los gritos eran una locura. ¡Partanles el hocico! Se escuchaba como grito de guerra de los sorpendidos. Empujones y más empujones impedían la entrada a las viviendas. Aquello era un infierno. Los hijos, entre adolescentes y pequeños, lloraban y gritaban a sus papás ¡que está pasando!

El Abogado tomó la batuta y les gritó a todos -a ver a ver, soy el Abogado de Jacobo, todos ya me conocen. ¿ok? Vengan conmigo por favor los inquilinos de las casitas, mientras por favor ¡nadie hace nada! ¡No entren a las casas y aguántenme un segundo!-. Con ademanes llamó a todos a un lado del patio frontal de las viviendas y los seis inquilinos le rodearon.

- ¡De que se trata! -le amenazaba el Camello levantando la quijada y poniendo los puños como en señal de pelea-.

- Les explico. Veo que su licenciado nos les ha dicho nada, pero eso no es mi problema. Resulta que en los juicios que ustedes demandaron a Jacobo, el juez dictó sentencia en la que señala que ustedes son inquilinos y por tanto, deben salir de las casas. Es decir que no pueden ser dueños como intentaron. ¡Miren! Aquí traigo copia de las sentencias. ¿No las conocían?

Todos las leían como tratando de entender que pasaba y seguían cegados por el momento. El único que tenía que simular ante el conocimeinto de lo que pasaba, era Bryan.

- ¡Pos no entiendo nada! -dijo otro-.

- Lo siento pero es una orden del juez y si su licenciado no les dijo nada, lo siento mucho de verdad. Pero las personas que ven de corbata son actuarios, o sea funcionarios judiciales que vienen a dar cumplimiento a la orden de lanzamiento que declaró el juez y lo siento, pero no hay marcha atrás. Así es que en lo que sacamos los sillones y cosas grandes, tienen ustedes cinco minutos para guardar sus cosas de valor – en lo que concluía esta afirmación, de manera disimulada asentó con la cabeza para dar el banderazo de salida y todos, Actuarios y cargadores pusieron manos a la obra. Eso generó desde luego más gritos y empujones, pero ante el número de cargadores y sus físicos, poco podrían hacer los inquilinos.

Bryan entró corriendo a su casa, cerró con candado por dentro su casa y apagó toda luz. Quedó como atrapado con su esposa y uno de sus hijos. Lo demás seguía operando y terrible era ver como sillones y algunas camas empezaban a salir en caravana hacia la calle y se depositaban sobre la banqueta, donde uno de los cargadores iba dando orden para acomodar todo y no se dañara.

Aquello llevaba ya media hora de ser un caos entre gritos y mirones en la barda de las viviendas que también daban muestra de apoyo a los 'desvalidos' inquilinos, pero sin meterse. El más grandote y feo de los cargadores era quién tenía el encargo de estar vigilando que nadie se metiera y nadie se llevara las cosas de la banqueta, lo que imponía algo de temor a los curiosos.

-       ¿Que hacemos con la casa 1? Ya vamos muy avanzados con las otras pero ese se encerró. ¿Tiramos la puerta? -le preguntó un cargador al Abogado-. ¡Nos está retrasando!

- Dejenme tocarle fuerte y sino la tiramos -dijo el Actuario y empezó a golpear fuerte la puerta-, ¡Señor Bryan, abra la puerta o la vamos a tirar! ¡Abra!

Se oyó que se movía el candado puesto y se abrió la puerta con Eglantina, esposa de Bryan, llorando e implorando que por favor detuvieran esa locura. ¡Por favor, por favor otro día, por favor!

- No hay otro día señora -y como abrió la puerta aprovechó el Abogado para meter el pie para impedir se le volviera a cerrar-. Por favor déjenos pasar porque sino vamos a tener que tirar la puerta.

- ¡Por favor otro día! -insistía Eglantina claramente descompuesta de tanto llanto-. ¡Es que mi Gordito se acaba de matar!

- ¿De que habla? -replicó el Abogado-. ¡No nos venga con cuentos que compliquen! ¡Ya señora recoja las cosas y dígale a su marido que ya se acabó el tiempo!

- Le juro que no le miento. Pase para que vea que no le engaño señor -dijo vencida la pobre de Eglantina-, pase por favor.

Atrás de ella se pegaron el Abogado, el Actuario y dos cargadores. En pocos pasos habían alcanzado el único baño de la casa. Al abrir la puerta se toparon a uno de los hijos hincado, tapándose el rostro con las manos y llorando desconsoladamente y gritando ¡papá! ¡papá! El Abogado se adelantó y se metió al baño ¡y se topó con que Bryan estaba colgado de la regadera! El peso del propio Bryan estaba haciendo la chamba... todos entraron corriendo a levantarlo de las piernas para descolgarlo; parecía que aun tenía algo de vida. Acostado en el piso, revisaron signos vitales y el abogado dio instrucción de llamar al 911 para que fuera una ambulancia y se lo llevaran. Eso podía detener gravemente la diligencia.

Trastabillando en el caminar, el Abogado salió pálido al pasillo a tomar aire... nunca le había pasado algo así. Toparse con la muerte de esa manera estaba horrible y nunca le había pasado por la mente que podía suceder. Pero había que seguir, ahora más que nunca no se podía detener el lanzamiento.

El Abogado apenas puso un pie afuera de la casa 1, cuando se encontró al Camello que enloquecido se le fue encima. Gritos, mentadas y amenazas llovían copiosamente. El Abogado aún aturdido por lo que acababa de ver, estaba como sustraído. Todo le daba vueltas. El Camello muy pegado al pecho del Abogado le estorbaba la vista de lo que había y le robaba toda la atención. Cuando `regresó el Abogado empezó a tratar de dialogar con aquél jorobado que no paraba un segundo de vociferar cuando notó que algo le llamaba la atención al Camello y que estaba justo en su espalda. Seguían los gritos y las palabras y cada vez pelaba más los ojos el Camello, lo que hizo que el Abogado se diera cuenta que algo grave estaba por pasar y dio media vuelta sobre su propio eje, encontrándose que a escasos 5 pasos tenía a un joven como de 15 años, con cuchillo en la mano ¡con la clara intención de apuñalarlo! El Abogado reaccionó, le tiró una patada en la pansa al joven que hizo que cayera, lo que le dio la oportunidad de dar dos brincos, ponerse en la entrada de la vivienda y gritarle al cargador que llamara una patrulla. ¡Muévele! ¡Urge detengamos agresiones!

El lanzamiento estaba ya casi por acabar. Inclusive de la casa 1 las cosas estaban ya puestas en la banqueta al frente de la vivienda. El Abogado llamó a los Pasantes del Despacho y les pidió reporte pronto de avances y pendientes. Todos contestaron que faltaban cosas pegadas a las paredes que estaban viendo si podían quitar, pero todo mueble ya estaba en la calle. ¡Vean con los actuarios si están así ya terminados los lanzamientos de cada casa y empecemos a cerrar la diligencia en cada caso! Tienen diez minutos como máximo cada uno de ustedes.

La ambulancia con su ulular llegó a los diez minutos de la llamada, entraron volando a la casa 1 donde se enontraron a Bryan en el suelo. Uno de los cargadores le daba masaje al pecho como lo había visto en alguna película. Le hicieron un chequeo pronto y confirmaron que aun podía salvarse. ¡Súbanlo de volada a la camilla! dijo uno de los paramédicos. El Actuario se acercó y le dijo que no podían tener un muerto en el lugar y más por el estado avanzado del lanzamiento, por lo que les instó a que lo sacaran pronto y lo que pasara ya en la ambulancia era ya 'otro cantar'. Con la ayuda de cargadores, al Bryan lo aventaron en la camilla y entre cuatro sacaron a aquel bulto de la casa rumbo a la ambulancia. Todo se detuvo en ese momento. Los vecinos pararon por unos minutos su oposición. Casi se hizo el silencio. Eglantina llorando iba a tras de la camilla y una vez metido, se trepó en la ambulancia para irse con su 'gordo'. Los hijos se quedaron en la entrada encargados de ver que hacían con las cosas que quedaban en la calle. El paisaje era desgarrador... pero inevitable.

Faltaban 5 minutos de los 10 concedidos. Era tiempo en que los cerrajeros entraran a cambiar chapas, poner cadenas y candados nuevos y empezar el cierre de cada casita. El intento de asesino, seguía doliéndose en el piso del patadón que recibió. La patrulla nunca llegó. La oposición aun cuando seguía, ya no tenía fuerza. Los 6 inquilinos vieron, con sus familias, que era inevitable el siguiente paso... el de mudarse a nueva casa. La suerte los abandonó cuando entraron al esquema de apropiación de algo que no les pertenecía.

De atrás para adelante fueron cerrándose las puertas. Los Actuarios en cada uno de sus expedientes fueron verificando que no hubieran nada a efecto de dejarlo así en la constancia de su expediente. *"Siendo las ** horas del día **, hago constar que respecto de la casa * se llevó a cabo la ejecución del auto de fecha ** y por tanto, se ha desalojado a **, no dejándo ningún bien dentro del inmueble materia de esta diligencia por lo que se da cuenta de estar totalmente vacío y desocupado. Firmándo al calce quienes intervinieron y quisieron hacerlo. Doy fe"*, se leía en cada una de las razones actuariales.

El golpe estaba dado. El Abogado, para que no se regresaran los inquilinos y que complicara después la disposición, dejó metidos a cuatro de los más grandes cargadores, con la finalidad que habitaran ahí hasta en tanto los inquilinos se hubieran llevado sus cosas. Les dejó solo las llaves nuevas de la casa 3 que estaba en medio del corredor y salieron todos cerrando el gran portón que daba acceso a la vivienda. Nueva cadena, nuevos candados. Y sin más, todos salieron corriendo. La chamba estaba concluida.

Tardaron dos días los inquilinos en llevarse todo. Algunos de los muebles se los llevaron cargando, a otros les pusieron un letrero con signo de pesos y remataron como pudieron las cosas.

Al tercer día, no habiendo moros en la costa, los cuatro cargadores entregaron llaves al Abogado, se despidieron con un apretón de manos y cada quién tomó su rumbo.

Jacobo ese tercer día recibió el manojo de llaves y quedó complacido.

Quedó la interrogante de la vida de Bryan… ¿habrá vivido?.

Fin.

www.ingramcontent.com/pod-product-compliance
Lightning Source LLC
Chambersburg PA
CBHW031628210526
45464CB00004B/1802